HUMAN RESOURCE MANAGEMENT

인사관리와 고용관계

목차와 키워드

최중락 편저

+ 환경요인, 직무관리, 인력유동관리, 평가 및 보상, 고용노사관계, SHRM

상경사

JUNG RAK CHOI

최중락(崔中洛)

위너스경영아카데미 경영학 전임강사
공단기 경영학 전임강사

[학력]
서울대학교 경영대학 경영학과 (경영학사)
서울대학교 대학원 경영학과 (경영학석사)
서울대학교 대학원 박사과정 수료

[경력]
서울대학교 노사관계연구소 연구원
현대경제연구원 컨설팅본부 연구원
합격의 법학원 경영학 전임강사
베리타스법학원 경영학 전임강사
삼성그룹 인사관리론 강사
LG인화원 경영학개론, 인사관리론, 경영조직론 강사
SK텔레콤 인사관리론, 경영조직론 강사
롯데그룹 경영학개론, 인사관리론 강사
삼성물산, 한화생명 등 다수 기업체 특강

[저서]
- 인사조직 들어가기 (상경사)
- 재미있는 경영학 (상경사)
- 재미있는 경영학개론 (상경사)
- 경영학 워크북 (상경사)
- 파이널특강 경영학 (상경사)
- 국가시험 경영학 최종정리 (상경사)
- 조직행동과 조직설계 (상경사)
- 조직행동과 조직설계 : 목차와 키워드 (상경사)
- 인사관리와 고용관계 (상경사)
- 인사관리와 고용관계 : 목차와 키워드 (상경사)
- 동차경영조직 (상경사)
- 동차인사관리 (상경사)
- 경영조직 핵심강의 (상경사)
- 인사관리 핵심강의 (상경사)
- 고용노사관계론 (상경사)
- 재미있는 재무관리 (상경사)
- CPA 객관식 경영학 (샘앤북스)
- 인사관리연습 (샘앤북스)
- 경영조직연습 (샘앤북스)
- 경영조직에센스 (샘앤북스)
- 인사관리에센스 (샘앤북스)
- 경영학 기출실록 (샘앤북스)
- 국가시험 객관식 경영학 (피데스)

인사관리와 고용관계 : 목차와 키워드

지은이 최중락

2022년 5월 12일 1판 1쇄 펴냄

펴낸곳 상경사
펴낸이 김희철
재무이사 반경희
영업·마케팅 김병훈·김희은
편집·북디자인 성진우·배정영·이은정·임경순
경영지원 배정민

등록일 1988년 6월 27일
등록번호 제 1-753 호

06784 서울특별시 서초구 동산로12길 13-8 B01,02 (양재동,담덕궁)
전화 02-577-3835, 팩스 02-573-2240, http://www.skbooks.co.kr

■ ISBN 979-11-6137-258-7 93320

■ 저자와의 협의에 의해 인지를 생략합니다.
■ 값은 표지 뒷면에 있습니다.
■ 파본은 구입하신 서점에서 교환해드립니다.

인사관리와 고용관계

목차와 키워드

최중락 편저

PREFACE

본서는 졸저『인사관리와 고용관계』로 공인노무사 2차 시험을 준비하시는 수험생분들께서 방대한 기본서의 서술내용 중 핵심요소를 보다 쉽게 암기하고 답안에 표현(현출, 現出)하실 수 있도록 주요 목차와 키워드 및 도표를 수록한 책입니다.

이 책을 활용하시는 방법은 다음과 같습니다.

1. 먼저 기본서를 읽은 다음, 이 책에서 기본서 관련 목차와 키워드를 확인합니다.

2. 이 책에서 제시한 키워드와 키워드 사이를 어떤 방식과 문장들로 연결할 것인지 고민해 본 다음, 기본서의 서술을 확인해 봅니다.

3. 위 2의 과정이 어느 정도 반복 · 숙달되었다면, 이제 이 책의 목차와 키워드 만으로 기본서의 서술내용을 복원할 수 있도록 연습해 봅니다.

부족함이 많은 책이지만 수험생 여러분들의 학습에 조금이나마 보탬이 되었으면 하는 바람입니다. 이 책으로 공부하시는 여러분들의 건강과 행복 그리고 합격을 진심으로 기원합니다.

2022년 5월 어린이날
이춘동 德明堂에서
편저자 드림

CONTENTS

PART I 서론

PART II 직무

PART Ⅲ 기능

PART I 서론

Chapter 1 : 인사관리의 의의와 연구대상

HUMAN RESOURCE MANAGEMENT

PART Ⅰ 서론

CHAPTER 1
인사관리의 의의와 연구대상

HUMAN RESOURCE MANAGEMENT

단원개요

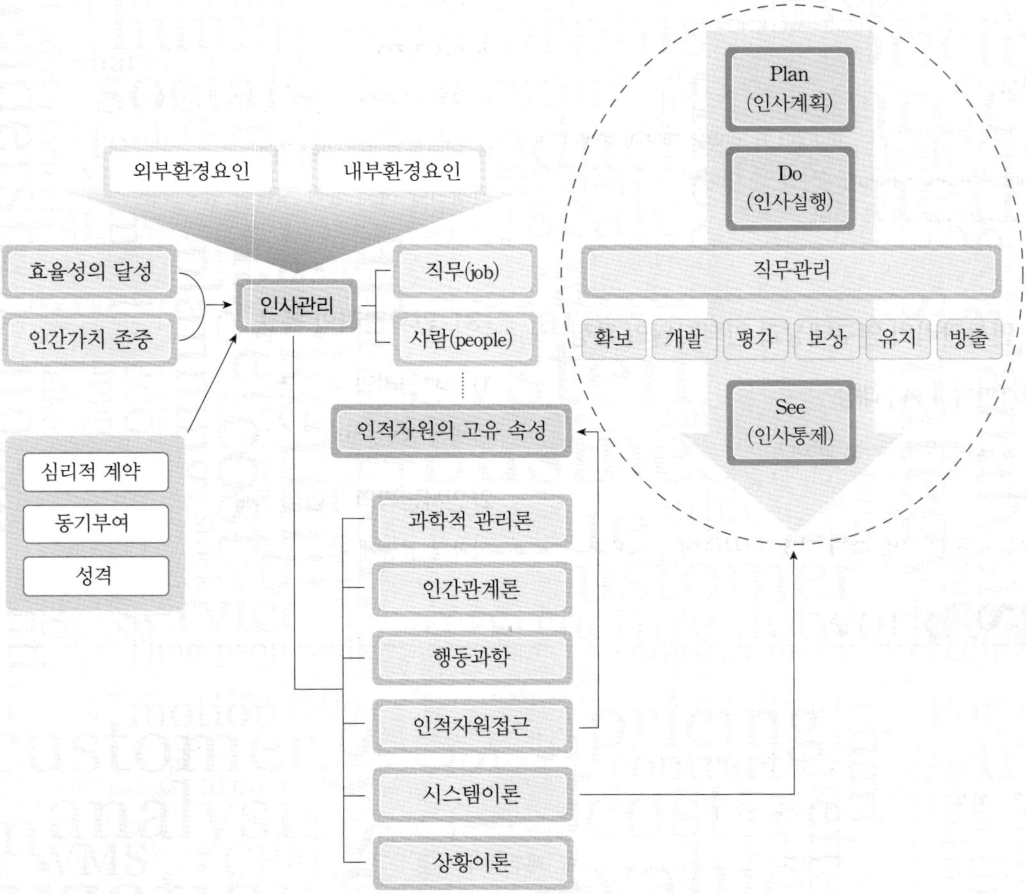

외부환경요인
내부환경요인
효율성의 달성
인간가치 존중
인사관리
직무(job)
사람(people)
인적자원의 고유 속성
심리적 계약
동기부여
성격
과학적 관리론
인간관계론
행동과학
인적자원접근
시스템이론
상황이론
Plan
(인사계획)
Do
(인사실행)
직무관리
확보
개발
평가
보상
유지
방출
See
(인사통제)

제1절

인사관리의 의의와 목표

HUMAN RESOURCE MANAGEMENT

|1| 인사관리와 경영학

1) 경제활동과 경영학

경제활동, 경영학(management, business administration)

2) 경영학의 구성

가치사슬 접근(value-chain approach), 라인 근로자(line worker), 스탭 근로자(staff worker)

3) 인사관리

인사관리(인적자원관리, human resource management or personnel management), '사람'에 대하여 중점적으로 연구하는 경영관리의 한 분야

|2| 인사관리의 연구대상과 인적자원의 특징

1) 인사관리의 연구대상

직무(일, job), 인간(노동, labor)

① 직무

직무의 구조, 직무의 수행 과정, 직무수행 자격요건

② 인간

인력계획, 모집, 선발, 교육, 평가, 보상, 유지, 노사관계

2) 인적자원의 특징

오라일리(O'Reilly)와 페퍼(Pfeffer), 인적자원(human resource), 차별화된 가치를 기업에 제공

① 성과의 수행 주체

스스로가 성과의 수행 주체

② 인격을 갖춘 개인

독립된 인격적 주체

③ 의사결정자

스스로 생각하고 결정을 내릴 수 있음

④ 외부환경과의 강한 연계

가정이나 사회 등과 지속적 상호작용

|3| 인사관리의 목표

1) 인사관리의 두 측면

경제적 측면, 사회적 측면

2) 인사관리의 통합적 목표

성과적 공동체 목표

그림 1-1 가치사슬

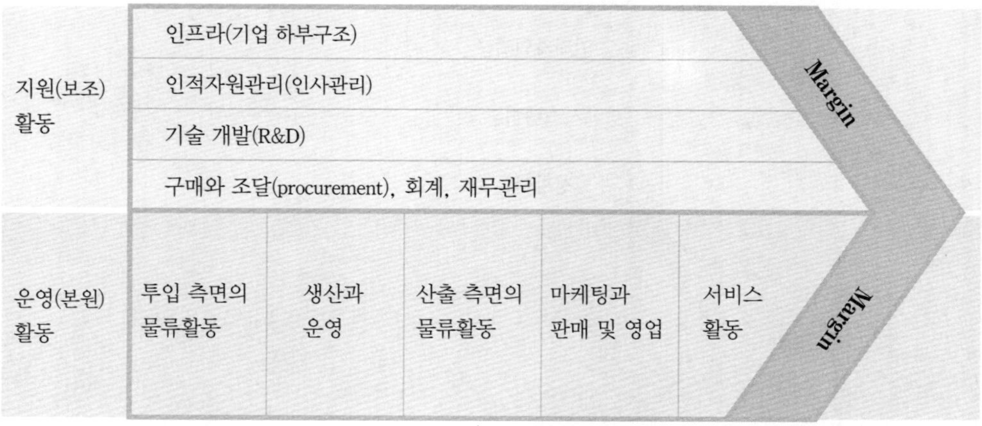

3) 인사관리 목표와 관련된 개념들

경제적 목표, 사회적 목표

제2절 인사관리의 역사

HUMAN RESOURCE MANAGEMENT

|1| 기계적 접근 : 과학적 관리론과 일반관리론

1) 과학적 관리론

① 배경과 의의

테일러(Taylor), 과학적 관리론(scientific management), 경제적 인간관(economic man)

② 인사관리에 영향을 미친 과학적 관리의 원칙(principles of scientific management)

a. 과업관리와 직무설계

시간과 동작연구(time & study), 최적의 직무수행방식(one best method)

b. 과학적 선발과 훈련

자격요건(specification)을 명시, 인간공학(human engineering)

c. 차등성과급제

성과급제(piece-rate payment), 차등성과급제(differential piece-rate payment)

d. 기능적 감독자제도

기능적 감독자제도(functional foremanship), 기능식 조직(functional organization)

③ 평가 및 한계

현대 인사관리를 구성하는 다양한 제도에 대한 이론적 초석, 인간 없는 조직(organization without people)

2) 일반관리론

① 의의

일반관리론, 페이욜(Fayol), 관리자층이 맡아야 할 조직관리의 원칙들을 체계화

② 관리활동과 관리원칙

계획(planning), 조직화(organizing), 명령(또는 지휘, leading), 조정(coordination), 통제(control), 14대 일반관리원칙

③ 평가 및 한계

인간소외

|2| 인간관계론과 호손실험

1) 기본 전제

인간관계론(human relation theory)

2) 호손실험(The Hawthorne Study)

메이요(Mayo), 당초 연구의 목표는 성과급이나 작업환경, 임률 등이 작업능률에 미치는 영향을 파악하기 위한 것

표 1-1 과학적 관리론과 인간관계론의 비교

과학적 관리론	인간관계론
• 전문화의 원리에 따른 직무설계 • 과업관리 : 시간 및 동작 연구 • 차별성과급 제도 : 경제인적 가설에 따른 동기부여 기법	• 사회인 가설에 따른 동기부여 기법 • 리더십 : 민주적 리더십 강조 • 참여의 강조 • 비공식 조직의 강조 • 만족이 생산성을 이끈다는 가설

① 제1단계 : 조명실험(1924년 11월~1927년 4월)

② 제2단계 : 계전기실험(1927년 4월~1929년 6월)

③ 제3단계 : 면접실험(1928년 9월~1930년 9월)

④ 제4단계 : 배전기실험(1931년 11월~1932년 5월)

3) 인간관계론적 접근의 특징과 기여

전문화와 분업의 역기능, 사회적 · 비합리적 측면에 의해서도 영향, 집단역학(group dynamics), 행동과학(behavioral science)

4) 한계

조직 없는 인간(people without organization)

|3| 시스템 이론

1) 등장배경과 의의

버틀란피(Bertelanffy), 시스템(system)

2) 시스템의 유형

폐쇄시스템(closed system), 개방시스템(open system)

3) 시스템으로서의 인사관리

|4| 상황이론

1) 이론사적 의의

상황이론(contingency theory, 狀況理論, 구조적 상황이론), 각 조직이 처한 상황에 맞는 조직구성의 방법이 있다고 보는 관점

그림 1-2 개방시스템의 구조

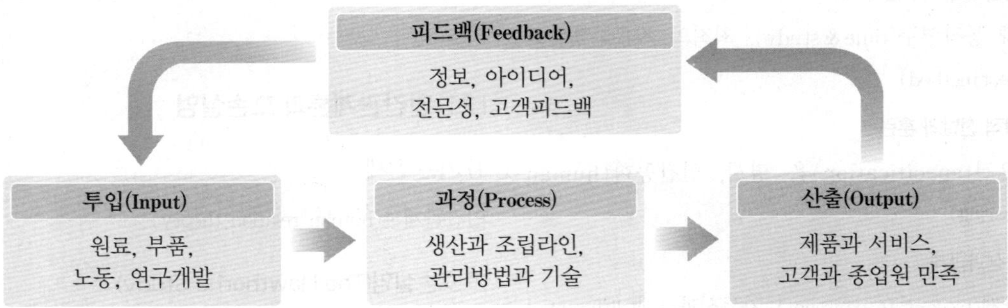

그림 1-3 상황이론의 개념모형

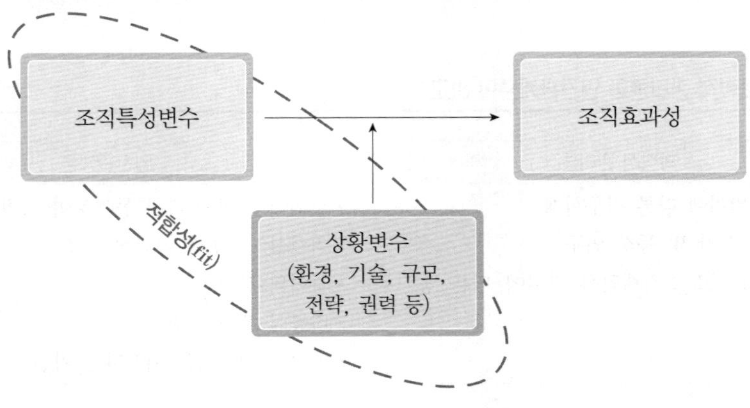

2) 기본 관점

조직효과성, 상황변수, 조직특성변수, 결정론(determinism)

|5| 전략적 접근 : 자원기반관점

1) 개념

인적자원접근(human resource approach), 자산(asset)이자 지속적 경쟁우위의 원천

2) 자원기반관점(resource based view, RBV)

① 자원기반관점의 내용

자원기반관점(resource-based view, RBV), 펜로즈(Penrose), 바니(Barney), 자원의 특성

② 인사관리상의 시사점

a. 가치(value)

b. 희소성(rarity, scarcity)

c. 모방할 수 없는(inimitable)

역사적 경험으로 인한 제도적 조건, 인과관계의 모호함, 사회적 복잡성

d. 대체불가능(unsubtitutable)

조직화(organized)

3) 전략적 접근이 인사관리에 미친 영향

인사정책의 패러다임 변화, 환경-전략-인사제도 간의 유기적 연계와 적합성(fit), 성과창출을 강조, 개별 인사제도가 전사적 수준에서 통합되게끔 하는 논리적 근거를 제시

제3절 인사관리의 환경요인

HUMAN RESOURCE MANAGEMENT

|1| 외부환경요인

거시환경분석, PEST 분석

1) 정치적 환경

법적, 제도적 경영환경의 변화를 주도하는 각종 요인

2) 경제적 환경

세계화와 노동시장의 변화

① 세계화

다국적기업, 외국인

② 노동시장의 변화

노동력의 고령화, 노동력의 고학력화, 여성 경제활동 인구의 증가, 비정규직 근로자

a. 고령화

고령사회, 노동공급의 감소와 취업인구의 노령화, 그리고 소비의 침체

표 1-2 자원의 속성과 경쟁우위

Value	Rare	Inimitable	Unsubstitutable	경쟁력	성과
No	–	–	–	경쟁 열위(남보다 열등)	정상 이하
Yes	No	–	–	경쟁 동위(남과 같음)	정상
Yes	Yes	No	–	한시적 경쟁우위	일시적으로 정상 이상
Yes	Yes	Yes	No	지속적 경쟁우위	지속적으로 정상 이상
Yes	Yes	Yes	Yes	지속적 경쟁우위	지속적으로 정상 이상 우리 기업에 특화된 성과

b. 고학력화

인력의 자격과잉현상을 야기, 내재적 동기부여

c. 여성인력의 증가

성차별 해소 및 고용평등 노력의 강화가 요구

d. 비정규직의 증가

고용조정이 쉽고 인건비가 저렴한 비정규직의 활용을 선호

3) 사회문화적 환경

세대간의 격차(gap), 삶의 질(quality of life)을 중시하는 사회로의 변화 추세

4) 기술적 환경

기술의 발전과 직무수행 자격간의 관계, 상향가설, 하향가설, 근접가설, 양극화가설, 혼합가설, 현상유지가설

|2| 내부환경요인

미시환경분석

1) 경영전략

① 성장전략

a. 성장전략의 개념과 기업수명주기

성장전략(growth strategy), 기업의 규모 확장과 관련한 전략, 전략은 각기 인사관리 제도와 정렬(alignment)되어야만 그 효과성을 담보, 기업수명주기(corporate life cycle)

b. 중소기업과 대기업의 인사관리 비교

ⅰ. 중소기업과 대기업의 기업수명주기별 특징

도입기 내지는 성장기에 해당, 안정보다는 혁신과 변화가 중요, 신제품이나 서비스를 출시, 기업의 관리 방식을 제도적으로 정착, 성숙기에 해당하는 기업, 수익과 매출의 측면에서 정점, 현재의 성과창출 구조를 안정화, 불필요한 비용지출을 막는 동시에, 경쟁자의 거센 도전을 방어

ⅱ. 중소기업과 대기업의 인사기능별 차이

우수인력과 전문가의 적극적 영입이 필요, 내부모집이나 배치전환을 통해 인력을 확보, 조직사회화와 그들을 위한 경력관리, 기능적 유연성(functional flexibility), 계층별 교육 및 직무별 전문교육을 실시, 구체적 목표관리(management by objective)가 필수적, 행위기준평가법(BARS), 성과급이나 파격적 인센티브, 안정적 직장분위기 유지와 장기근속

② 경쟁전략

경쟁전략(competitive strategy), 고객의 욕구 충족과 시

그림 1-4 기술진보에 따른 직무수행 자격요건의 변화

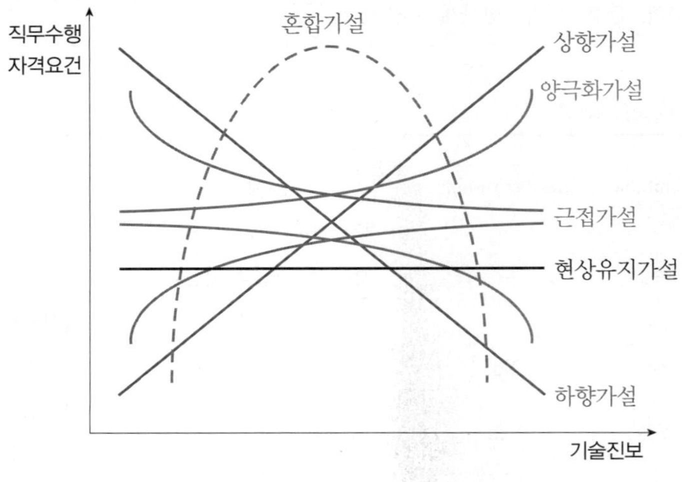

장에서의 우월적 지위 형성을 도모하는 전략

a. 마일즈와 스노우의 전략유형과 인적자원관리

i. 마일즈와 스노우 전략이론의 의의

마일즈와 스노우(Miles & Snow), 전략유형에 부합되는 조직구조 및 관리특성을 갖추어야 성과를 낼 수 있음

ii. 성공하는 기업전략의 세 유형

신제품과 신기술의 혁신, 기존의 제품을 높은 품질이나 낮은 가격으로 제공, 공격형 기업을 관찰하다가 성공가능성이 보이면 신속하게 진입

iii. 공격형에서의 인적자원관리

외부노동시장으로부터 인재를 영입하는 정책(buy)을 사용, 조직목표달성에의 공헌도로 판단되는 결과위주의 성과평가(예 MBO), 성과주의와 경쟁주의가 보상의 일반원칙

iv. 방어형에서의 인적자원관리

내부노동시장으로부터 인재를 육성하는 정책(make)을 사용, 조직목표달성에 필요한 역할의 수행 여부에 집중하는 행동중심형 고과(예 BARS), 기존인재의 유지(retain)가 중요한 이슈로 부각

v. 분석형에서의 인적자원관리

외부충원(buy)과 내부육성(make)을 필요에 따라 적절히 병행, 행동중심형 고과를 기본, 시계열 비교, 기존 업무행동과 현재를 비교하는 방식을 기준, 대내적 공정성과 대외적 경쟁성을 동시에 고려

b. 포터의 전략유형

포터(Porter), 원가우위(cost leadership) 전략, 차별화(differentiation) 전략, 집중화(focus) 전략

표 1-3 마일즈와 스노우의 경쟁전략과 인사관리

구분	공격형 전략	방어형 전략	분석형 전략
기본전략	인적자원 획득	인적자원 개발	인적자원 할당
충원, 선발, 배치	• 강조점 : Buy • 모든 수준에서 정교한 충원 • 선발과정에서 심리검사 활용	• 강조점 : Make • 평균수준 이하의 충원 • 부적합자 해고시 선발실시	• 강조점 : Make & Buy
인력계획과 교육훈련	• 기술의 식별 및 획득에 초점 • 제한적 교육훈련 프로그램	• 기술개발에 초점 • 다양한 교육훈련 프로그램	• 기술개발 지원 • 다양한 교육훈련 프로그램 • 제한적 외부충원 병행
성과평가	• 결과중심 평가(예 MBO) • 충원시의 요구충족 여부 확인 • 사업부/기업단위 성과평가 • 횡단적 비교 (예 같은 시기 타 기업)	• 과정중심 평가(예 BARS) • 필요한 훈련 실시여부 확인 • 시계열 비교 (예 전년도 성과)	• 주로 과정중심 평가 • 필요한 훈련과 충원요구 확인 • 개인/집단/사업부 성과 평가 • 주로 시계열 비교, 약간의 횡단적 비교 병행
보상	• 성과에 상응하는 보상 지향 • 대외적 경쟁력 강조 • 인센티브 중시 • 외부충원이 잦으므로 그에 상응하는 보상 필요	• 내부적 지위에 상응하는 보상 지향 • 대내적 공정성 강조 • 상위 계층과 하위 계층간 차이를 중시하는 보상시스템	• 주로 계층지향적이고 약간의 성과 반영 • 대내적 공정성과 대외적 경쟁력 모두를 고려 • 금전적 인센티브 강조

2) 기업지배구조

기업지배구조(corporate governance), 기업을 둘러싼 이해관계자들간에 통제권이 분포되어 있는 형태

3) 최고경영층

최고경영층(top management team), 최고경영자(CEO, chief executive officer)와 주요의사결정에 참여하는 임원 및 이사회 구성원 등을 포함하는 개념

4) 조직규모

조직규모(organization size), 조직의 규모가 확대될수록 인적자원관리기능의 분화가 발생

제4절 인사관리시스템

|1| 인사관리의 통합적 시스템

투입(input)-과정(process)-산출(output), 조직효과성(organizational effectiveness), 기능적 접근(functional approach), 관리과정 접근(management process approach)

|2| 인사관리의 기능적 접근

직무(일, job), 인간(노동, labor), 제도(practice), 사람(people), 분석수준, 개별적 차원의 인사관리, 통합적 차원의 인사관리, 사회적 자본의 관리(social capital management), 인적 자본의 관리(human capital management), 인사관리의 구성형태관리(HRM configuration management), 인사제도의 관리(HR practices management)

① 직무관리

직무에 대한 내용파악, 분석적 평가, 세부 내용의 설계

② 확보관리

모집, 선발

③ 개발관리

교육훈련관리, 승진관리, 경력관리

④ 평가관리

능력, 태도, 업적을 평가

표 1-4 포터의 경쟁전략과 인사관리

	원가우위 전략	차별화 전략
확보관리	안정 및 위험회피 추구 성향을 가진 종업원을 선호	고도의 창의성과 협동성 및 위험선호 성향이 큰 종업원을 선호
개발관리	요구하는 스킬을 구체적으로 규정하고 이를 교육	조직 내부에서보다 외부에서의 충원을 하는 경우가 많으므로 다양한 조직사회화 프로그램과 광범위한 경력경로 제공을 강조
평가관리	행동중심 인사평가를 통해 보상 및 내부승진을 실시	성과를 강조하는 결과중심 평가방식을 도입
보상관리	상사와 부하 간 임금격차가 큰 임금체계를 운영	외부공정성 개념에 입각한 임금시스템을 운영
유지관리	근로자의 참여를 통해서 효율성과 생산성을 제고	명확한 목표관리를 통해 구성원의 동기수준을 유지하는데 집중

⑤ 보상관리

임금관리, 복리후생관리

⑥ 유지관리

인간관계관리, 배치전환관리, 근로시간 및 안전위생관리, 노사관계(고용관계)관리

⑦ 방출관리

이직관리, 방출관리

| 3 | 인사관리의 관리과정적 접근

계획(planning), 조직화(organizing), 명령(또는 지휘, leading), 조정(coordination), 통제(control)

1) 인사계획

① 인사계획의 의미와 수준

인사계획, 전략적(strategic) 인사계획, 최고경영진, 관리적(administrative) 인사계획, 중간관리자나 인사팀장, 업무적(operative) 인사계획, 하급관리자

그림 1-5 인사관리의 통합적 시스템

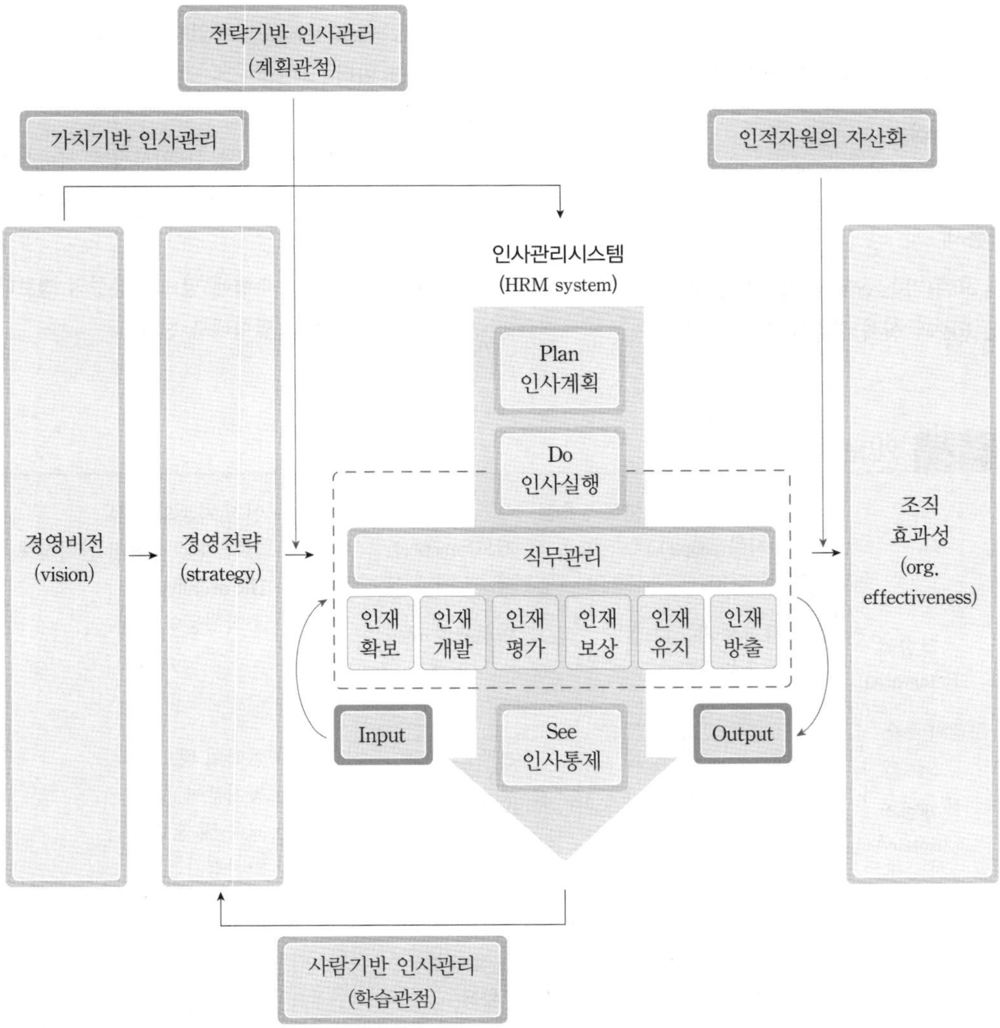

② **기업경영계획의 일환으로서의 인사계획**
일반적인 인사계획은 그 의미를 좁게 해석하여 인력계획을 의미

2) 인사실행

'조직화－충원－지휘', 라인(line)과 스탭(staff)의 조직화 및 충원, 리더십과 동기부여 및 인간관계관리

① **조직화**(organizing)
권한과 책임을 부여하고 구조화된 과업을 할당, 직무관리, 권한 및 역할의 배분, 인사스탭과 라인관리자간의 유기적인 상호작용에 의해 인사업무가 이루어지는 것이 바람직

② **충원**(staffing)
고용하고 평가하며 교육 및 훈련을 제공

③ **지휘**(directing)
리더십의 실현, 동기유발 행위, 인간관계관리

3) 인사통제

목표 및 표준(기준, criteria)을 설정, 행동의 실적을 측정, 목표 및 표준과 실제 결과간 비교, 수정조치

① **인적자원정보시스템과 e-HRM**

a. 의의
인적자원정보시스템(Human Resource Information System), 전자인적자원관리(e-HRM)

b. 목적과 필요성
인사관리의 합리화에 기여, 인사관리의 전체적 최적화에 기여, 인사관리가 급변하는 경영환경에 능동적으로 대응할 수 있도록 함

c. e-HRM의 발전과정

ⅰ. 인사정보의 데이터베이스(database : DB)화 작업
기능목록(skill inventory)

ⅱ. 셀프서비스 개념의 도입
셀프서비스(self-service), 종업원 스스로 신상변동에 대한 정보를 입력

ⅲ. 웹 활용 단계
쌍방향 커뮤니케이션이 가능한 인사정보 서비스를 제공하고 현장관리자 및 종업원에 대한 권한위양이 강화

ⅳ. 포털(portal)단계
회사 내 생활 및 업무수행에 필요한 종합적 정보나 서비스를 제공하는 종합포털형태로 진화

그림 1-6 인사관리의 구조

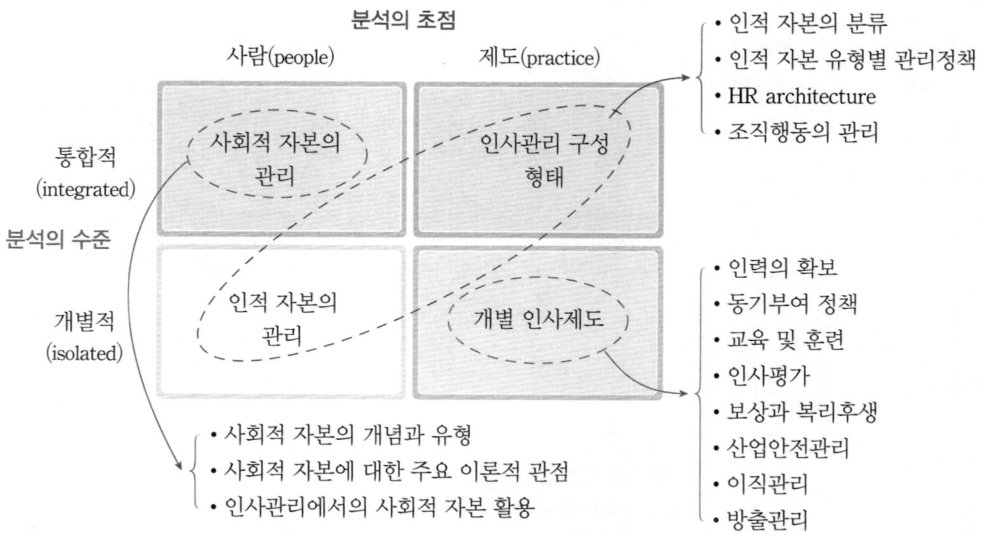

표 1-5 인사부문의 기능별 관리활동

	확보관리	개발관리	평가관리	보상관리	유지관리	방출관리
계획	• 경영전략의 확인 • 인력수요와 공급의 예측	• 종업원 능력 평가 • 교육훈련 필요성 분석 • 경력욕구 분석	• 고과목적과 구성요소의 확인	• 보상에 대한 욕구구조 분석 • 지불능력의 파악 • 생계비 파악	• 개인의 목표 및 욕구의 파악 • 노사관계시스템 분석	• 인력수요와 공급의 예측 • 이직원인의 분석
실행	• 모집 • 선발 • 수급불균형시 극복방안 수립	• 교육훈련관리 • 승진관리 • 경력관리 • 배치전환관리	• 고과시기의 결정 • 고과자의 선정 • 고과기법의 결정 • 개인 및 팀 고과의 실시	• 임금수준 관리 • 임금체계 관리 • 임금형태 관리 • 복리후생 관리	• 동기부여 전략 • 산업안전 및 보건위생의 관리 • 단체교섭	• 정리해고 • 구조조정 • 아웃플레이스먼트 • 인플레이스먼트 • 자발적 이직에 대한 대책의 수립
통제	• 모집활동의 효과성 분석 • 선발활동의 타당성 분석	• 교육훈련의 효과성 분석 • 승진 및 배치에 대한 공정성과 만족도 조사	• 고과에 대한 평가 • 고과자에 대한 평가	• 보상공정성의 파악 • 보상만족도의 평가 • 복리후생의 효과분석	• 종업원의 사기수준 분석 • 산업재해 빈도 및 피해 분석 • 단체교섭 결과 분석	• 인력방출 활동의 효과 분석 • 이직감소 프로그램의 효과 분석

표 1-6 기존 인사정보관리와 e-HRM의 비교

구분	기존의 인사정보관리 체계	e-HRM
관리대상	집단차원	개인차원
인사기능	자료수집 및 정보전달	전략적 인사관리
인사담당자	관리 및 주도적 수행	전문적 자문 및 지원수행
인사업무수행	서류(paper)중심이며 시간제약이 큼 (작업 자체에 많은 시간 소요)	가상공간(cyberspace)을 활용, 시간제약 적음(탄력적 운영 가능)
필요기술	관리능력 및 인간관계	IT관리기술 및 정보관리능력
자료수집	개인접촉을 통한 자료수집	컴퓨터, 이메일 등 다양한 도구 활용

v. 인사시뮬레이션 작업

장래 인사관리의 동향을 예측하여 사전에 문제의 대책을 강구하고 원하는 인사관리의 방향을 정하는 작업

d. 기존 인사정보관리와 e-HRM의 차이점

e. 효과

i. 인사비용의 절감

ii. 종업원 만족도 제고

iii. 인사관리의 전략기능 강화

iv. 기업문화 혁신

f. 활용영역

i. 확보관리

각종 인력수급정보가 전자인적자원관리 시스템 하에서는 즉각적으로 파악

ii. 개발관리

계획 단계, 실천 단계, 통제 단계

iii. 평가관리

평가업무에 소요되는 시간을 단축, 평가자료에 대한 접근성이 향상, 평가상담을 통한 평가결과의 수정도 용이

iv. 보상관리

절차적(과정적) 공정성 제고에 도움, 기대임금의 조사, 카페테리아식 복리후생 제도의 도입을 촉진

v. 사내 커뮤니케이션 관리

조직분위기를 수평적으로 전환, 인사정책의 수립과 집행에도 유용한 시사점

g. 성공조건

사전에 치밀한 계획과 기술적 준비, 인사스탭과 라인관리자간의 업무협조가 원활, 최고경영층의 적극적인 지원

② 인적자원회계제도

a. 의의

인적자원회계제도(human resource accounting system), 인적자원과 그 관리방식에 대한 제반효과와 각종 비용을 측정(평가)하며 이들 정보를 이해관계자들에 전달하는 과정

b. 측정방법

재무상태표(balance sheet), 인적자원의 개발 및 유지관리에 들어가는 금액을 투자자산으로 계상

c. 인적자원회계제도의 한계점

③ 인사감사

a. 의의

인사감사(personnel audit), 인사관리의 통제과정의 핵심

b. 중요성

경영합리화의 수단, 정책효과 측정의 수월성, 환경 상황의 변화에 적응, 적절한 대처

c. 절차

목적과 범위를 설정, 감사위원회를 구성, 감사가 실시, 감사 보고서를 작성, 인사관리의 개선을 도모

d. 종류와 유형

i. 감사대상과 범위에 따른 분류

전사적 차원의 감사(거시감사), 본사에 대한 감사, 각 부분별 감사(미시감사)

ii. 감사주체에 따른 분류

내부감사, 외부감사, 합동감사

iii. 감사시기에 따른 분류

수시감사, 정기감사

e. 인사감사의 실제 : ABC 감사방식

내용(Administration), 예산(Budget), 효과(Contribution)

f. 감사결과의 보고

각종 문제점 및 개선점들을 간결하게 문서화 및 도표화

제5절 인사관리의 이론적 기초

HUMAN RESOURCE MANAGEMENT

|1| 동기부여 이론

모티베이션(motivation), 작업동기(work motivation), 강도(노력의 정도), 방향성(목적성), 그리고 지속성(행동의 수행 기간)을 변화시키는 역동적인 힘의 집합

1) 매슬로우의 욕구단계이론

① 기본가정

매슬로우(Maslow), 인간의 다양하고도 복잡한 욕구(needs)가 사람의 행동을 이끄는(drive) 주된 원동력, 위계(hierarchy)

② 5대 욕구

저차(low-order) 욕구, 고차(high-order) 욕구, 생리적 욕구(인간의 본능), 안전 욕구, 사회적 욕구, 존경 욕구, 자아실현 욕구

③ 시사점

동기부여를 위해서는 욕구의 개인차를 고려할 필요, 상위욕구를 충족시켜 줄 수 있는 여건의 조성이 중요

2) 브룸의 기대이론

① 기본가정

브룸(Vroom), 사람이 언제, 어떤 경우에 직무에 대한 높은 동기를 갖게 되는지 그 과정에 주목, 노력, 성과, 보상

a. 기대(Expectancy)

노력이 특정한 결과나 업적으로 이어질 것이라는 가능성에 대한 믿음, 자기효능감, 통제감

b. 수단성(Instrumentality)

업적에 대하여 보상이 주어질 것으로 믿을 수 있는 정도, 신뢰, 조직정치지각

c. 유의성(Valence, 선호도 또는 유인가)

주어진 보상에 대한 개인의 선호도나 중요성, 또는 가치, 개인적 욕구, 가치, 목표

② 동기부여의 과정

동기는 기대, 수단성, 유의성의 곱함수

③ 이론의 의의

상향식 보상(bottom-up)의 중요성을 환기, 경영진과 종업원간의 신뢰(trust) 구축, 동기부여 현상을 매우 합리적이고 인지적으로 설명

그림 1-7 매슬로우의 욕구단계

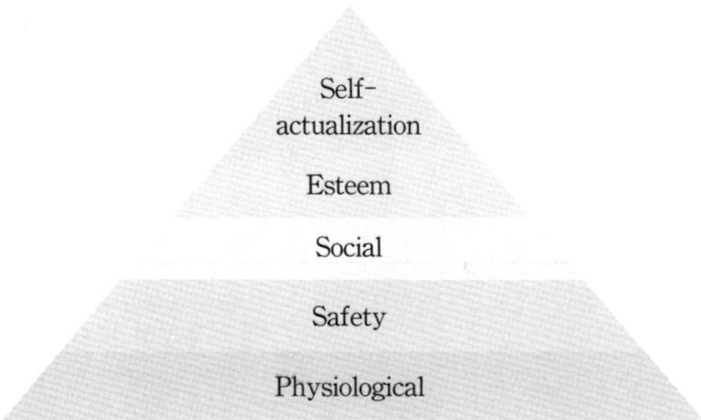

그림 1-8 브룸의 기대이론 모형

④ 조직경영에 주는 시사점

구성원이 원하는 보상을 제공, 요구되는 성과가 무엇인지를 구체적으로 알리기, 조직구성원들의 역량을 향상, 제공되는 보상의 형태 및 크기가 일관성을 가져야 함

3) 아담스의 공정성이론

① 기본가정

분배적 정의, 아담스(Adams), 타인과의 비교

② 비교과정

자신의 투입/산출 비율과 다른 사람의 투입/산출 비율이 균형을 이룬다면 이 조직에서의 보상시스템은 비교적 공정한 것으로 인식, 비교 과정에서 불공정성(inequity)이 지각된다면, 개인은 이에 대하여 긴장(tension)을 느끼게 되고 이를 줄여 나가기 위한 노력을 기울이게 됨

③ 불공정의 해소방안

a. 자신의 투입이나 산출물을 변경한다.

b. 자기 자신이나 타인에 대한 지각을 왜곡한다.

c. 준거대상(referent)을 변경한다.

d. 상황을 변경한다.

4) 로크의 목표설정이론

① 의의

로크(Locke), 구체적이고도 명확한 목표(goal)를 향해 일하려는 노력이나 의도

② 목표의 기능

행동방향을 결정, 몰입, 자원을 활용할 수 있는 합법적 근거를 마련, 업적을 평가하는 기준

③ 좋은 목표의 조건

구체적, 현실적, 적당한 수준의 난이도, 광범위한 수준의 합의, 목표달성여부의 확인이 용이, 보상 및 환류(feedback)와도 연계

④ 시사점

목표설정 이론은 이해하기 쉬우며 다른 이론들보다 실무에 적용하기가 용이, 달성하기 쉬운 목표를 부여하는 것이 능사는 아니라는 점을 밝힘

| 2 | 성격이론 : 빅 파이브

1) 성격의 개념

성격(personality), 올포트(Allport), 환경에 대한 독특한 적응 방식을 형성하는 개인의 심리적 시스템

그림 1-9 공정성 이론의 핵심내용

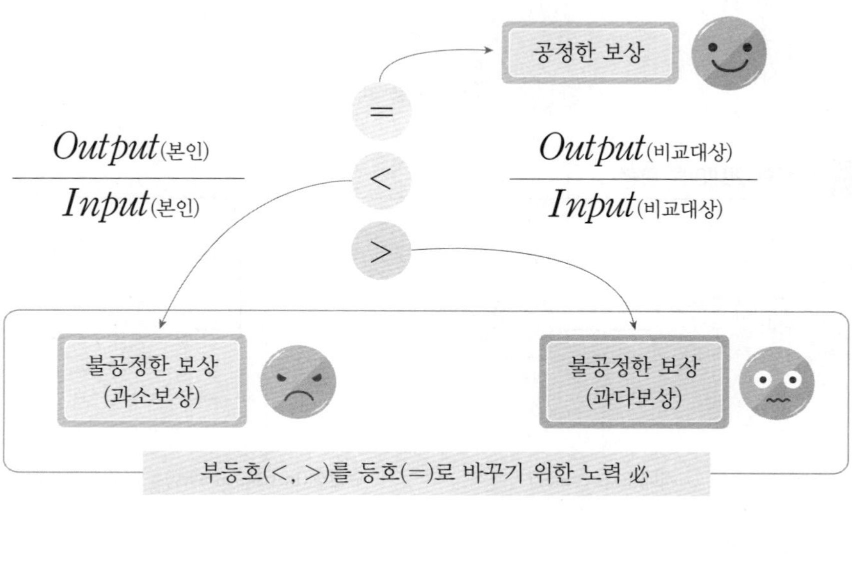

2) 빅 파이브(Big-five) 이론

① 의의

빅 파이브(Big-Five), 다섯 가지의 기본적 차원

② 성격의 5대 구성 요소와 조직행동에의 영향

a. 감정 안정성(emotional stability, 평정성)

스트레스에 견딜 수 있는 개인의 능력,
신경질적(neuroticism)

b. 외향성(extraversion)

사람들이 많은 관계들 안에서 느끼는 편안함의 정도,
외향적, 내향적

c. 개방성(openness to experience)

새로운 것에 대한 관심과 흥미의 정도, 개방성

d. 친화성(agreeableness, 조화성 또는 동조성)

다른 사람들에게 양보하고 순응하는 성향, 친화성

e. 성실성(conscientiousness)

성실성, 책임감이 있고 규칙적이며 믿음직스럽고 우직

③ 시사점

개인-직무 적합성(person-job fit, P-J fit)과 개인-조직 적합성(person-organization fit, P-O fit)의 중요한 결정 변수로 성격이 고려

PART Ⅱ 직무

Chapter 2 : 직무관리

HUMAN RESOURCE MANAGEMENT

CHAPTER 2 직무관리

단원개요

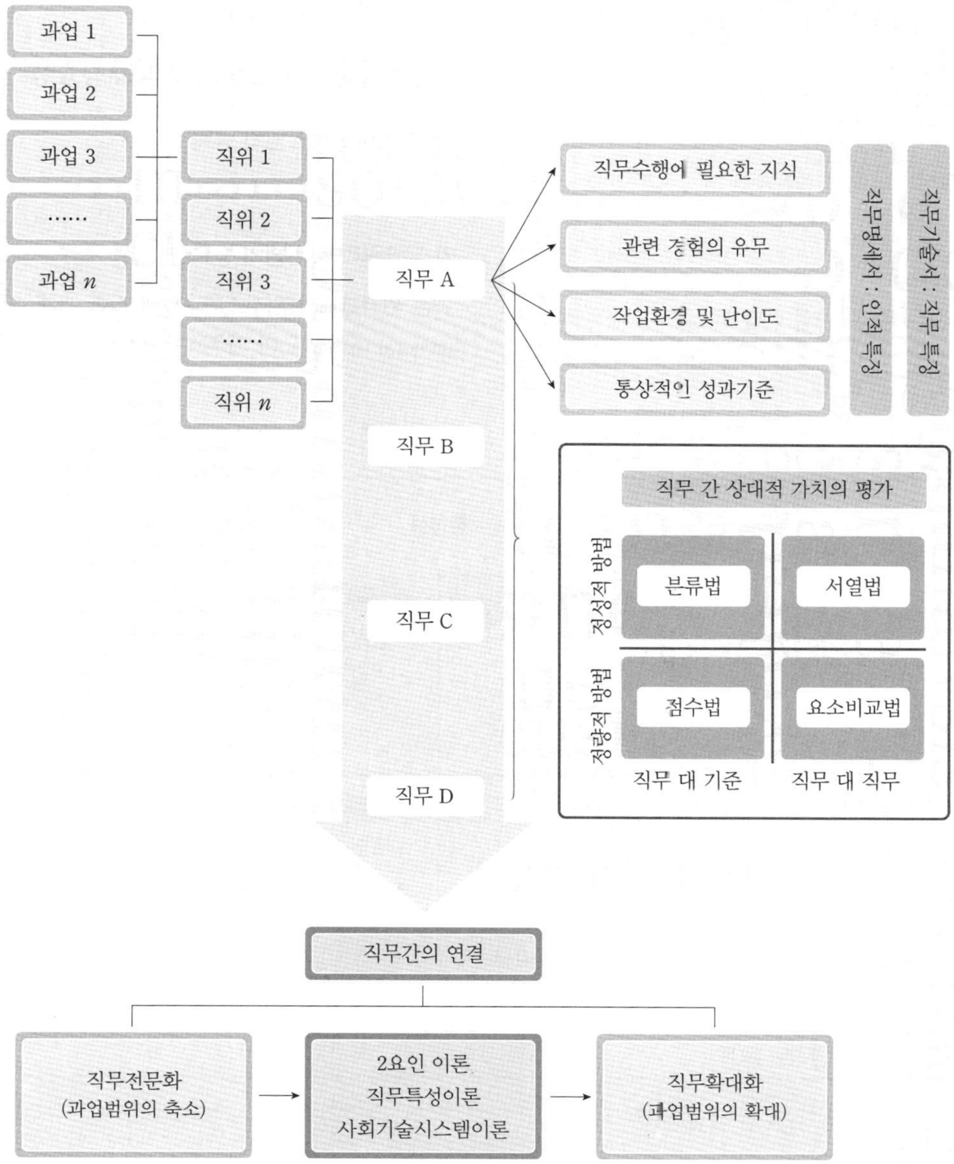

과업 1
과업 2
과업 3
……
과업 n
직위 1
직위 2
직위 3
……
직위 n
직무 A
직무 B
직무 C
직무 D
직무수행에 필요한 지식
관련 경험의 유무
작업환경 및 난이도
통상적인 성과기준
직무명세서 : 인적 특징
직무기술서 : 직무 특징
직무 간 상대적 가치의 평가
정성적 방법
정량적 방법
분류법
서열법
점수법
요소비교법
직무 대 기준
직무 대 직무
직무간의 연결
직무전문화
(과업범위의 축소)
2요인 이론
직무특성이론
사회기술시스템이론
직무확대화
(과업범위의 확대)

제1절 HUMAN RESOURCE MANAGEMENT

직무관리의 의의와 내용

|1| 직무관리의 의의

1) 직무관리의 정의

직무관리, 직무의 내용과 이를 담당하는 종업원의 자격에 대한 체계적 파악

2) 조직에서의 업무단위

① 과업(task)

최소한의 작업수행 단위

② 직위(position)

한 사람에게 부여된 과업의 합계

③ 직무(job)

유사한 직위들이 모인 '하나의 일의 범위'

④ 직군(job family)

동일하거나 유사한 직무들의 집단

⑤ 직종(occupation)

유사한 직군의 집합

|2| 직무관리 시스템의 영역과 중요성

1) 직무관리 시스템의 영역

직무의 분석, 평가, 설계

2) 직무관리 시스템의 중요성

다른 인사관리 하위시스템과도 밀접한 관계, 일반관리자(general manager)의 업무흐름 파악

그림 2-1 직군의 분류

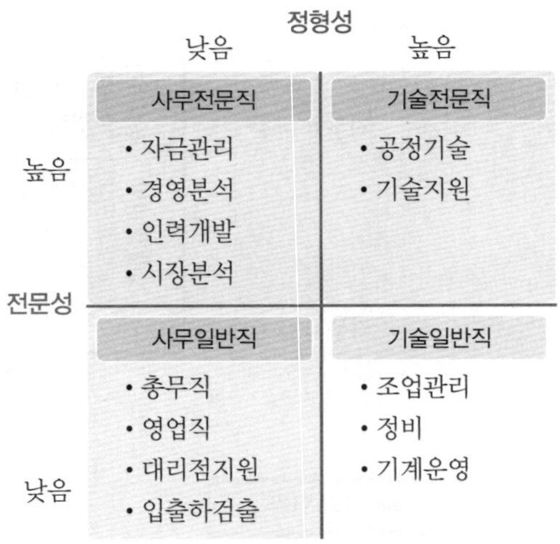

그림 2-2 직무관리의 체계

|3| 직무관리의 체계와 내용

1) 직무분석

직무의 내용과 이를 담당할 사람의 자격요건을 분석

2) 직무평가

직무의 상대적 가치를 체계적으로 결정

3) 직무설계

직무의 내용과 수행방법 및 직무간의 관계을 설정

제2절 직무분석

HUMAN RESOURCE MANAGEMENT

|1| 직무분석의 의의 및 목적

1) 의의

직무분석(job analysis), 특정 직무의 내용 및 이를 수행하는 데 필요한 직무수행자의 행동, 육체적 및 정신적 능력 등을 밝히는 체계적인 작업

2) 목적과 중요성

① 직무수행자를 위한 정보의 제공

② 인사관리의 효율성 제고를 위한 정보제공

|2| 직무분석의 체계와 절차

1) 직무분석의 체계

직무의 특징, 작업의 특징, 인적 특징에 대한 분석

2) 직무분석의 절차

예비조사, 직무분석 단위의 결정, 대표직무, 직무정보수집 작업, 직무기술서, 직무명세서

|3| 직무분석의 실제

1) 직무분석 단위의 결정

2) 직무정보 수집방법

① 관찰법

a. 개념

관찰법(observation method), 직무에 종사하는 사람의 행

그림 2-3 직무분석의 절차

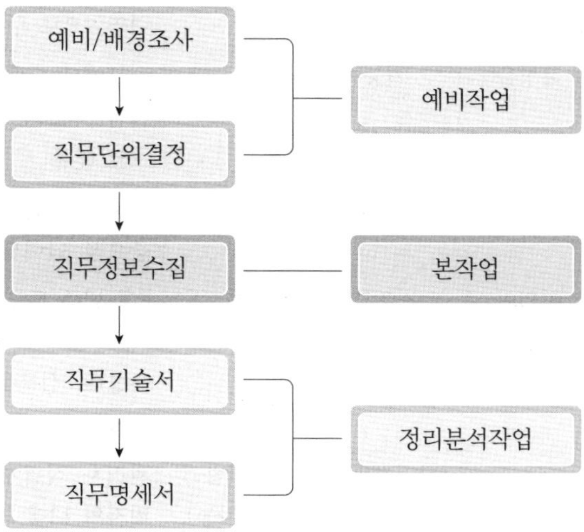

동이나 동작 및 업무과정을 실제로 살펴보고 이를 체계적으로 기술

b. 특징

직무수행에 왜곡이 발생

② 면접법

a. 개념

면접법(interview method), 직무담당자의 대면 진술을 확보

b. 특징

관찰법이 가지고 있는 단점을 상당부분 극복, 피면접자가 자신에게 불리한 사실에 대해서는 정보제공을 기피

③ 질문지법

a. 개념

질문지법(questionnaire method), 사전에 설계한 표준화된 설문지

b. 특징

맥락성(context)이 줄어들게 되므로 해석상의 오류가 발생할 여지

④ 경험법

a. 개념

경험법(empirical method), 직무분석을 담당하는 사람이 직접 해당 직무를 수행

b. 특징

가장 정확하게 직무의 내용을 파악

⑤ 중요사건법

a. 개념

중요사건법(critical incidents methods, CIM), 효과적인 행동과 비효과적인 행동을 구분하여 그 사례들을 수집

b. 특징

직무행동과 직무성과간의 관계를 직접적으로 파악

⑥ 작업기록법

a. 개념

작업기록법(employee recording), 매일 작성하는 작업일지나 메모사항을 가지고 해당 직무에 대한 정보를 수집

b. 특징

내용 자체에 대한 신뢰도가 상당히 높다는 장점

표 2-1 직무분석 기법의 종류와 내용

분석의 초점	의미	기법의 사례	기법의 내용
업무수행 역량	업무수행에 필요한 개인의 역량에 대한 정보를 분석	능력요건척도	성과의 차이를 가져오는 개인의 52개 속성을 인지, 육체, 감각, 정신운동 능력영역으로 구분
과업의 내용	과업 자체의 특징을 분석	기능적 직무분석	직무에서 수행되는 과업을 자료(data), 사람(people), 사물(things) 관련 기능으로 분류
		과업목록법	직무와 관련한 모든 과업을 소요시간, 중요성, 난이도 등으로 평가
직위관련 정보	개인이 가진 직위와 관련된 전반적 정보를 분석	직위분석 질문지법	6대 범주(투입정보, 정신적 과정, 과업성과, 타인과의 관계, 직무환경, 기타 직무특성)로 설문을 통해 직무관련 정보를 수집
		관리직위분석 질문지법 (역량분석으로도 분류 가능)	관리자 직위에서 수행되는 과업을 관리자의 13대 역할/자질로 나누어 분석

⑦ 임상적 방법

a. 개념

임상적 방법(clinical method), 시간연구, 동작연구, 테스트법

b. 특징

비교적 정밀하고 객관적인 직무자료의 도출

3) 직무를 분석하는 기법

① 능력요건척도

a. 개념

능력요건척도(ability requirement scales, ARS), 작업자에 대한 표준화된 정보수집을 바탕으로 직무수행에 필요한 제반 능력요건을 분석

b. 분석기준

인지적, 육체적, 감각적, 정신운동 능력

c. 활용

직무관리 뿐만이 아니라 선발, 교육훈련, 경력개발 등에 널리 활용

② 기능적 직무분석

a. 개념

기능적 직무분석(functional job analysis, FJA), 미국 노동성에 의하여 개발, 직무를 간략하게 분류하는데 유용

b. 분석기준

자료와 관련되는 기능, 사람과 관련되는 기능, 사물과 관련되는 기능

c. 활용

다른 직무분석기법과 결합해서 직무분류와 직무평가에 유용하게 활용

③ 과업목록법

a. 개념과 분석기준

상대적 소요시간, 빈도, 중요성, 난이도, 학습의 속도

b. 특징과 활용

더욱 현실적인 직무내용의 파악이 가능하며 교육훈련에 바로 활용이 가능

④ 직위분석 질문지법

a. 개념과 분석기준

6개 범주(투입정보, 정신적 과정, 과업성과, 타인과의 관계, 직무환경, 기타 직무특성)에 관한 질문지

b. 활용

선발과 직무분류 및 직무평가 용도로 널리 활용

⑤ 관리직위기술 질문지법

a. 개념과 분석기준

관리직에 필요한 자질을 13개 항목들로 나누어 측정

b. 활용

관리자의 교육필요성을 진단, 새로운 직무의 분류와 직무가치의 평가에 유용, 관리직무에 적합한 보상정책을 수립하기 위한 수단

표 2-2 직위분석 질문지의 내용

부문	내용
1. 투입정보	직무수행에 필요한 정보를 어디서, 어떻게 얻는가?
2. 정신적 과정	직무수행에 포함되는 논리, 의사결정, 계획, 정보처리 활동은 무엇인가?
3. 작업산출	직무수행에 필요한 육체적 활동은 무엇이며 어떤 도구, 수단이 사용되는가?
4. 다른 사람과의 관계	직무수행에서 다른 사람과의 어떤 관계가 요구되는가?
5. 작업환경 및 직무상황	직무가 수행되고 있는 곳의 물적 · 사회적 상황은 어떠한가?
6. 기타 측면	직무와 관련된 다른 활동, 조건, 특성은 무엇인가?

4) 직무기술서와 직무명세서

① 직무기술서(job description)

직무수행과 관련된 과업 및 직무행동

② 직무명세서(job specification)

종업원의 행동, 기능, 능력, 지식 등과 각종 자격조건

5) 직무분석상의 오류

① 부적절한 표본 추출

② 반응세트

③ 직무환경의 변화

④ 종업원의 행동 변화

6) 직무분석의 성공요건

철저한 준비, 구체적이면서도 체계적으로 분석, 조직의 특성에 맞는 활용

제3절 직무평가

HUMAN RESOURCE MANAGEMENT

|1| 직무평가의 의의 · 목적 · 평가요소

1) 의의

직무평가(job evaluation), 직무들간의 상대적인 가치를 체계적으로 결정하는 과정

2) 목적 및 필요성

임금의 공정성을 제고하기 위한 수단, 인사관리 전반의 합리화

3) 평가요소

기능, 노력, 책임, 작업환경

|2| 직무평가의 방법

종합적 방법, 분석적 방법, 직무와 기준을 비교하는 방법, 직무와 직무를 직접 비교하는 방법

표 2-3 직무평가방법

	계급적(구간 有)	계열적(구간 無)	
비양적 (점수화 ×)	분류법	서열법	전체적 (예 A직무가 B직무보다 더 중요하다)
양적 (점수화 ○)	점수법	요소비교법	분석적 (예 A직무는 기능, 노력의 측면에서 B직무보다 낮지만 책임의 측면에서는 B보다) 덜 중요함)
	직무 대 기준	직무 대 직무	

1) 서열법

① 개념

서열법(ranking method), 직무의 상대적 가치에 기초를 두고 각 직무의 중요도와 장점에 따라 순서를 정하는 평가방법, 전체적(포괄적)

② 유형

단순서열법, 교대서열법(상호서열법), 쌍대(짝)비교법, 위원회, 조직도

③ 장점과 단점

비교적 신속하게 판단, 주관적인 기준

2) 분류법

① 개념과 특징

분류법(job classification method), 직무를 여러 가지 수준이나 등급에 의하여 분류, 포괄적

② 장점과 단점

비교적 간단, 의사결정 자체에 주관이 개입할 여지

3) 점수법

① 개념

점수법(point rating method), 직무평가의 제 요소를 추출한 다음 요소별 중요도에 따라 점수를 산정하고, 총점수를 계산하여 직무평가를 수행

② 절차

a. 평가요소의 선정

b. 평가요소의 가중치 및 기준의 선정

c. 직무별 점수의 산정

d. 직무급의 도출과 임금체계 조정

③ 장점과 단점

평가결과에 대하여 이해 및 신뢰, 공통되는 평가요소의

표 2-4 대표직무의 평가요소별 임금배분에 대한 가상적 사례

평가요소 / 대표직무	업무기술		노력		책임		작업조건		시간당 임금 (단위 : 천원)
	서열	금전적 가치	서열	금전적 가치	서열	금전적 가치	서열	금전적 가치	
대표직무 A	1	30	2	20	1	40	2	13	103
대표직무 B	2	15	3	10	3	25	1	10	60
대표직무 C	3	10	1	25	2	30	3	18	83

표 2-5 직무평가 기법의 비교

	서열법	분류법	점수법	요소비교법
비교유형	직무 대 직무	직무 대 기준 (등급정의)	직무 대 기준 (등급점수표)	직무 대 직무
요소의 수	없음	없음	대개 10~15개	7개 미만
표준척도	없음	직무등급을 분류한 단일척도	직무요소별 점수척도	직무요소별 서열척도 및 임률
타 기법과의 유사성	요소비교법의 초기형태	점수법의 초기형태	분류법의 세분화된 형태	서열법의 발전된 형태

선정이 용이하지 않으며, 평가자의 주관이 개입, 시간과 비용이 필요

4) 요소비교법

① 개념

요소비교법(factor-comparison method), 몇 개의 기준직무(대표직무)를 선정하고 각 직무의 평가요소를 기준직무의 평가요소와 비교, 직무의 상대적 가치를 임금액으로 평가하는 것을 그 특징

② 절차

a. 평가요소와 대표직무의 선정

b. 각 요소하에서 대표직무의 서열결정

c. 여러 요소별로 각 대표직무의 올바른 임률 할당

d. 이러한 요소척도들에 비추어서 여타의 직무를 평가

③ 장점과 단점

점수법보다 합리적, 임금공정성 확보에 도움, 평가자의 주관이 개입, 평가방식이 복잡

| 3 | 직무평가시 유의사항

종업원의 거부 내지는 저항, 노사 간의 의견차이, 직무평가 목적에 대해 오해

제4절 직무설계

HUMAN RESOURCE MANAGEMENT

| 1 | 직무설계의 의의 및 범위

1) 의의

직무설계(job design), 여러 직무들 간의 내용, 기능, 관계를 설정하고 그 수행방법을 결정하는 활동

2) 범위

직무구조설계, 직무과정설계, 직무시간설계

| 2 | 직무설계의 방법

1) 직무설계의 이론적 접근법

효율적(전통적) 직무설계, 동기부여적 직무설계, 인간공학적 직무설계, 정신능력과 한계를 고려한 직무설계

① 전통적 직무설계 : 직무전문화

a. 개념

직무전문화(job specialization), 작업자가 수행하는 과업들을 그 숫자 면에서 줄이는 것, 수평적 전문화, 수직적 전문화

그림 2-4 직무설계의 접근법

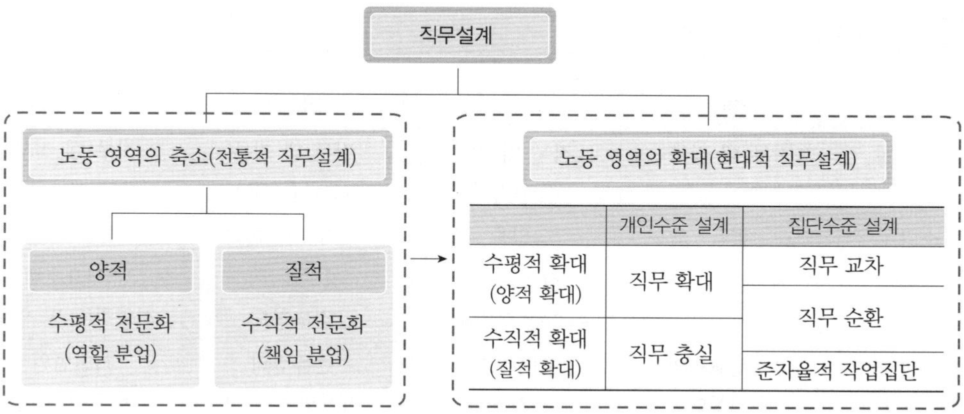

b. 직무전문화의 장점

ⅰ. 기업측의 장점

작업자를 선발하고 훈련하기가 쉬워짐, 단순/반복작업으로 대량생산이 가능, 스미스(Smith), 노무비 절감이 가능, 작업과정의 전반적 관리가 편리

ⅱ. 종업원측의 장점

작업결과에 대한 책임부담이 감소, 회사 업무에 대한 인지적(정신적) 부담이 줄어듬, 특별한 직무교육을 별도로 받을 필요가 없어짐, 미숙련공의 취업이 용이

c. 직무전문화의 단점

ⅰ. 기업측의 단점

품질관리에 애로, 작업자의 불만으로 인하여 기업차원에서는 여러 비용(cost)이 발생

ⅱ. 종업원측의 단점

권태감이 누적, 만족을 느낄 기회가 적음, 피로감이 가중, 사회적, 인간적 욕구가 무시

② 현대적 직무설계와 그 근거

직무범위를 확대

a. 2요인 이론(two-factor theory)

ⅰ. 기본가정

허쯔버그(Herzberg)는 개인에게 만족감을 가져다주는 요인과 불만족을 가져다주는 요인이 전혀 다를 수 있다는 점(즉 만족과 불만족이 반대개념이 아니라는 점)을 발견

그림 2-5 직무전문화의 장점과 단점

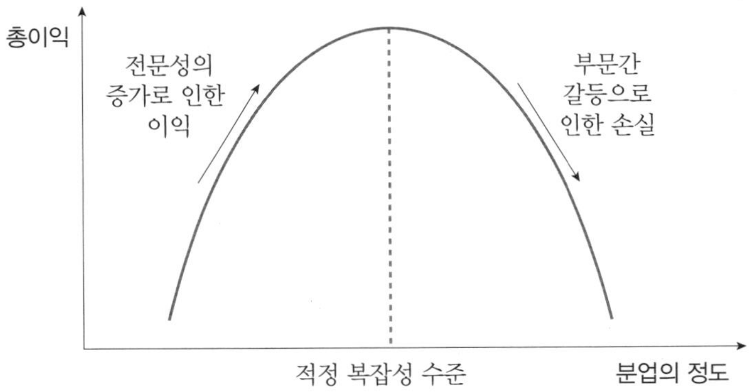

그림 2-6 직무특성이론의 기본모형

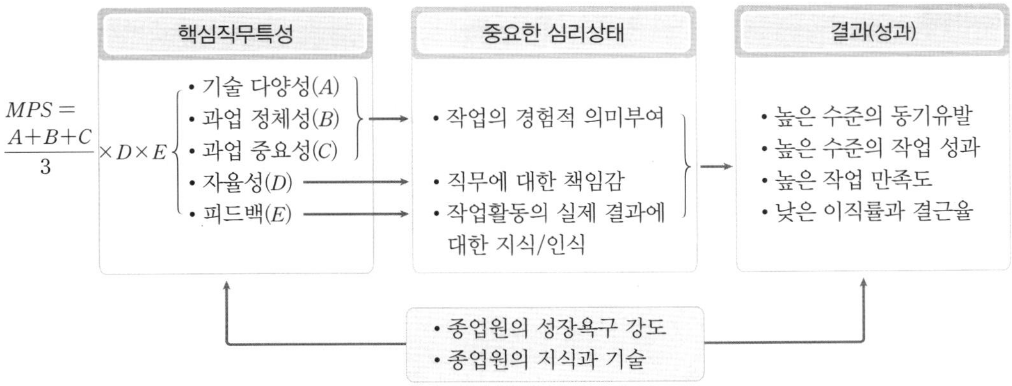

ii. 연구내용

동기요인(motivator), 성취감, 상사나 동료로부터의 인정, 일 그 자체, 직무에 대한 책임, 성장과 발전 등, 위생요인(hygiene factor), 회사의 정책이나 관리규정, 감독행위, 임금, 물리적 작업조건, 동료와의 관계 등

iii. 시사점

동기요인의 측면에서 허쯔버그는 직무충실화(job enrichment)를 강조, 위생요인의 측면에서는 불만을 야기하여 성과를 저하시킬 수 있는 요인들을 찾아내어 미연에 방지하는 것 역시 필요, 직무영역의 확대와 내재적 동기부여, 총보상

b. 직무특성이론

i. 의의

해크만(Hackman), 올드햄(Oldham), 직무의 특성, 종업원의 심리상태, 조직성과

ii. 동기를 유발하는 직무의 특성 : 핵심직무특성

기술다양성(skill variety), 여러 가지 기능과 개인적 재능이 요구되는 정도, 과업정체성(task identity), 특정 직무가 다른 직무와 비교해 보았을 때 전체적으로 뚜렷하게 구별될 수 있는 완결성을 가지는 정도, 과업중요성(task significance), 해당 직무가 조직목표달성이나 타인의 삶에 영향을 주는 정도, 자율성(autonomy), 직무 계획 및 수행에 있어 자유와 독립성이 주어지는 정도, 피드백(feedback), 해당 업무수행의 효과성과 적절성에 대하여 담당자 본인에게 명확한 정보가 제공되는 정도

동기부여 잠재점수(motivating potential score, MPS)

$$\text{MPS} = \frac{(\text{기술다양성} + \text{과업정체성} + \text{과업중요성})}{3} \times \text{자율성} \times \text{피드백}$$

iii. 중요한 심리상태들과 그 결과

직무의 의미를 보다 잘 이해, 역할수행에 대한 책임의식, 어떤 결과로 이어지는지에 대한 명확한 지식

iv. 조절변수

높은 성장욕구(growth needs), 지식과 기술(knowledge and skills)

v. 시사점

직무확대 및 충실화에 대한 이론적 근거

vi. 한계

중요한 심리상태와 결과변수 간의 분명한 인과관계 입증에 소홀, 내재적 동기부여를 지나치게 강조

c. 사회·기술시스템이론

i. 의의

테일러적인 기술시스템이나 인간관계론적인 사회시스템, 거시적 입장에서 통합

ii. 등장배경

타비스톡 연구팀(Tavistock group)

iii. 사회와 기술의 의미

사회(society)는 조직 내에서 활동하는 사람과 집단, 기술(technology)이란 조직의 투입물을 산출물로 변환

iv. 직무설계의 실제

두 하위 시스템(사회시스템, 기술시스템)의 공동최적화

그림 2-7 직무특성이론에서 성장욕구 강도의 조절효과

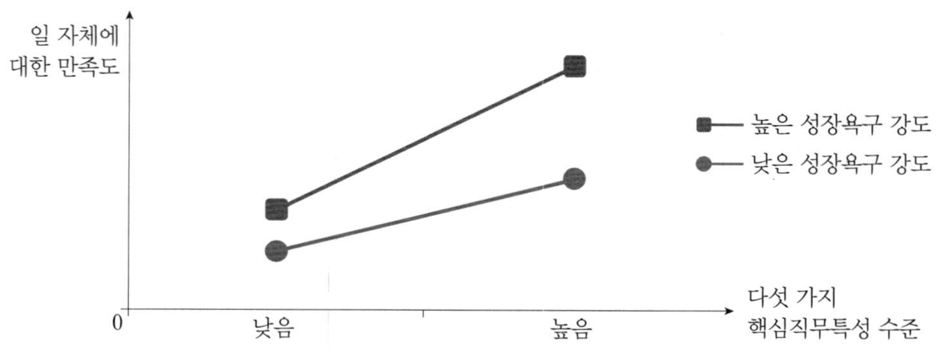

• 전체과업에 관계되는 의미 있는 작업형태
• 최적의 작업주기
• 성과기준 설정에 있어서의 재량권과 결과의 피드백
• 어느 정도의 기능을 필요로 하는 가치있는 과업
• 전체 생산과정에 뚜렷한 기여를 하는 과업

v. 시사점

생산성과 유연성의 두 측면을 모두 고려하는 직무설계 이론

vi. 공헌

노동의 인간화, 근로생활의 질(QWL) 등에 영향을 미쳤으며, 준자율적 작업집단의 도입에 공헌

2) 직무설계의 방법

직무 범위의 축소, 직무 범위의 확대

① 직무전문화

a. 개념

b. 수평적 전문화

과업의 내용과 양에 따른 직무 간의 분화 정도

c. 수직적 전문화

의사결정권한과 책임의 배분에 따른 분화

표 2-6 개인수준의 직무확대

수평적 확대	직무확대 (job enlargement)	[개념] 종업원이 중심과업의 수행뿐만 아니라 관련된 기타 과업까지도 동시에 수행하도록 하여 개인의 직무를 중심과업으로부터 보다 넓게 확대하는 것이다. [목적] 이는 종업원의 자기실현욕구를 충족시켜 하나의 인격체로서의 만족감을 갖게 해 작업의욕을 향상시키고자 하는 데 주된 목적이 있다. 이는 종업원의 직무만족이 과업 수의 다양성을 증가시킴으로써 향상될 수 있다는 실증연구의 결과에 근거를 두고 있다. [효과] 단순반복업무로부터 벗어남 ➡ 만족도 ↑, 이직률 ↓, 학습능력 ↑, 유연성 ↑, 노동가치 ↑ [단점] 작업자에 따라 새로운 직무의 추가를 꺼리는 경우가 있으며, 권한과 책임이 동반되지 않아 실망 可
수직적 확대	직무충실 (job enrichment)	[개념] 이는 관리기능 중에서 실행(do) 영역뿐만 아니라 관리자의 영역으로 여겨져 왔던 계획(plan) · 통제(see) 영역까지도 종업원에게 위임함으로써, 자아성취감과 일의 보람을 느낄 수 있도록 하여 높은 동기를 유발시키고 생산성의 향상을 도모하려는 직무설계의 방법을 의미한다. [목적] 이는 수직적 직무부하(vertical job loading)로서 직무의 질적 개선을 도모하면서, 작업자의 능력 신장을 꾀한다. [효과] 허쯔버그의 2요인 이론에 의하면 동기유발요인은 고차원적 욕구의 충족을 통해서만 가능하게 되므로, 더 큰 통제력과 존경을 기대할 수 있는 수직적 직무확대인 직무 충실이 종업원의 동기부여에 확실한 효과를 가져올 수 있다. ➡ 생산성 ↑, 이직률 ↓, 결근율 ↓ [단점] 교육훈련 必, 재량권의 비효율적 행사, 관리자 반발, 성장욕구 낮은 종업원의 심리적 부담 증가

② 직무확대화 : 노동의 인간화

a. 개념과 등장배경

노동의 인간화, 노동의 주체인 인간의 동기부여와 만족의 제고, 성장과 발전 및 자아실현에 기여할 수 있게 노동을 재설계

b. 직무확대화의 실천전략

과업결합, 작업단위의 형성, 고객관계 확립, 수직적 직무확대, 개방적 피드백

c. 내용

수평적 확대화, 수직적 확대화

3 직무설계의 추가적 이슈들

1) 직무설계의 최근 동향

① 관계성과 주도성을 강조하는 직무설계

a. 관계성(relatedness)

사람이 다른 사람과 연결되어 있는 정도, 그랜트(Grant)

b. 주도성(proactivity)

직무수행 환경과 조건을 직무담당자 스스로 주체적으로 관리할 수 있음

② 직무제작 : 잡크래프팅

a. 개념

잡크래프팅(job crafting), 조직구성원 스스로 자신의 직무내용과 범위를 직접 설계

b. 형태

과업의 수나 유형 등 직무의 경계를 바꾸는 것, 타인과의 상호작용의 성격이나 범위를 바꾸는 것, 과업을 지각하는 인지적 방식을 바꾸는 것

2) 직무과정의 설계

① 의의

마이클 해머(Hammer), 비즈니스 프로세스 리엔지니어링(business process reengineering, BPR), 프로세스(process)

② 직무과정설계의 필요성

직무수행의 흐름이 원활한지의 여부가 기업 전체의 효율성과 직결, 기업들은 질 좋은 제품을 보다 빠르게 고객들에게 전달

③ 직무과정설계가 요청되는 상황요건

업무처리 단계별로 의사결정 소요시간과 대기시간이 길어 직무수행과정 전체가 비효율적, 부서 간의 의사소통이 원활하지 못하고 각 부문들이 자신의 업무에만 집착하여 기업 전체의 성과를 훼손할 가능성이 있는 경우

④ 직무 프로세스 재설계의 단계

a. 핵심 프로세스를 위주로 기업 내 주요 업무흐름을 파악

b. 업무 프로세스의 흐름도를 작성하고 관련 조직과 프로세스에 대한 분석을 통해서 문제점을 도출

c. 프로세스 재설계 착수

d. 새롭게 설계된 업무 프로세스에 대한 평가

e. 효율적인 직무과정이라 판단되면 新프로세스 확정

⑤ 기대효과

고객만족도의 증가, 기업 경쟁력 제고

a. 단기효과

b. 장기효과

⑥ 핵심성공요인(CSF)

현상타파적(=불연속적) 사고, 근본원인을 추적, 정보처리기술을 이용한 프로세스 혁신, 최고경영자의 강력한 의지와 지원 그리고 종업원에 대한 재교육

3) 인사부서의 역할과 직무설계

① 인사부서의 역할에 대한 일반적 시각

스탭(staff), 아직 우리의 인사관리가 선행적 관리(proactive management)와는 거리가 먼 대응적 관리(reactive management) 수준에 머무르고 있음

② 울리히의 인사관리자 다(多)역할 모형

울리히(Ulrich), 인사관리의 초점(focus), 인사관리 활동(activity)의 내용적 측면

a. 관리 전문가(administrative expert)

조직 프로세스와 관리과정(management process)의 관리

b. 종업원 대변자(employee champion)

종업원의 니즈가 무엇인지를 파악하여 지원책을 강구

c. 전략적 동반자(strategic partner)

경영/사업전략에 부합되는 인사관리 시스템을 확립

d. 변화 촉진자(change agent)

변화 및 변혁의 상황에서 종업원들이 효과적으로 변화를 수용하고 이에 적응할 수 있도록 돕는 것

③ 인사관리자의 역할 변화

전략적 동반자와 변화 촉진자로서의 역할에 대한 관심이 증가, 인사관리자가 복수의 역할을 균형있게 수행하는 것이 타당

④ 인사부서의 직무설계

a. 상황변수

기업의 규모, 인사권, 기업의 전략 초점

b. 인사부서의 직무설계

ⅰ. 전통적 설계모델

기능적 차원, 보수적

ⅱ. 관리활동 중심 설계모델

기업의 경쟁이 치열, 계획－실행－통제, 인력계획활동, 인력통제활동, 인력실행활동

ⅲ. 서비스 대상 중심 설계모델

종업원 집단별, 각 집단별 인사관리 서비스의 차별화

그림 2-8 인사관리자의 역할구분

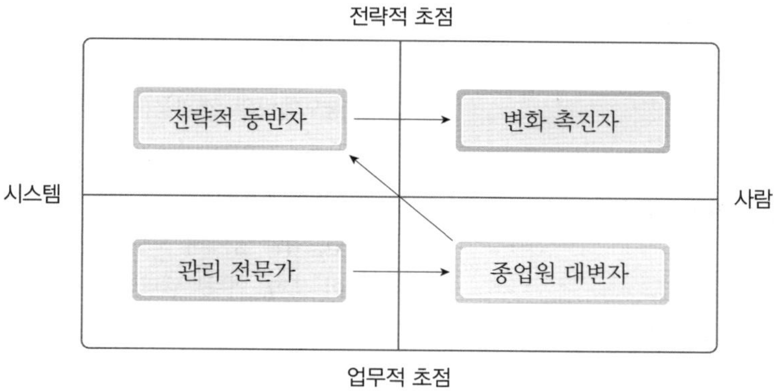

그림 2-9 인사부서의 직무설계 유형

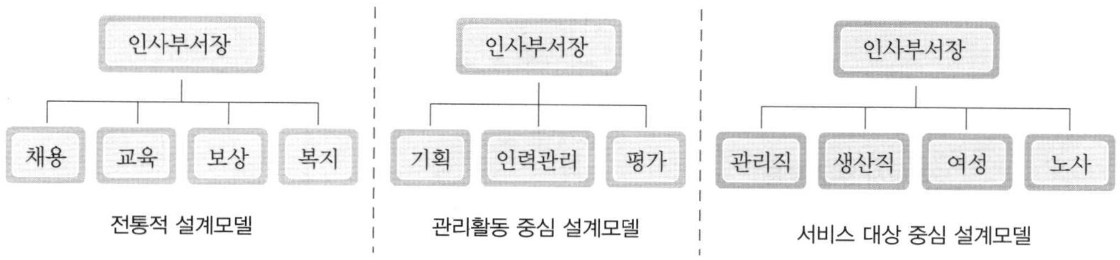

HUMAN RESOURCE MANAGEMENT

심화학습

Ⅰ. 직무중심 인사관리의 명암

객관성과 효율성, 해외인력의 관리에 적합, 지식과 경험의 전문성, 협력과 단합을 창출하는데 한계, 유연성이 떨어짐, 동양의 전통적인 리더십 스타일 및 조직문화에 적합하지 않음

Ⅱ. 직무중심 인사관리와 역량중심 인사관리의 비교

1. 인력유동의 측면

직무내용, 개인의 역량

2. 인사관리의 목표

효율성(efficiency), 효과성(effectiveness)

3. 인적자원에게 요구되는 능력

기능적 측면에서의 자질이나 기술, 지식, 기술, 능력의 총체로서의 역량

Ⅲ. 역량의 개념과 유형 및 도출방법

1. 역량의 개념

동기(motives), 특성(trait, 성격 포함), 자아개념(self-concept), 지식(knowledge), 기술(skill)

2. 역량의 유형

공통역량(common competency), 기능역량(functional competency), 직무역량(job competency)

3. 필요역량의 도출

직무역량평가법(job competency assessment method), 일반역량모델법(generic model method), 직무역량모델법(job competency model method)

Ⅳ. 역량모델링의 의의와 직무분석과의 차이점

1. 직무분석과 역량모델링의 의의

직무분석(job analysis)은 특정 직무의 내용 및 이를 수행하는 데 필요한 직무수행자의 행동, 육체적 및 정신적 능력 등을 밝히는 체계적인 작업, 역량모델링(competency modeling)은 '역량에 입각한 직무분석', 또는 '직무분석에서 역량 개념을 접목한 것'

2. 직무분석과 역량모델링의 차이점

역량모델링의 결과물(예 역량사전)에는 여러 직무에서 사용될 수 있는 공통적인 역량 정보가 많이 포함, 직무분석의 결과물(예 직무기술서, 직무명세서)은 직무, 직무집단, 역할 등에서 도출된 구체적 기술(skill) 정보를 더 많이 포함, 역량모델링이 장기적인 측면으로 조직에 더 적합, 전략적 인적자원관리(strategic human resource

그림 2-10 역량의 구성요소와 개발가능성

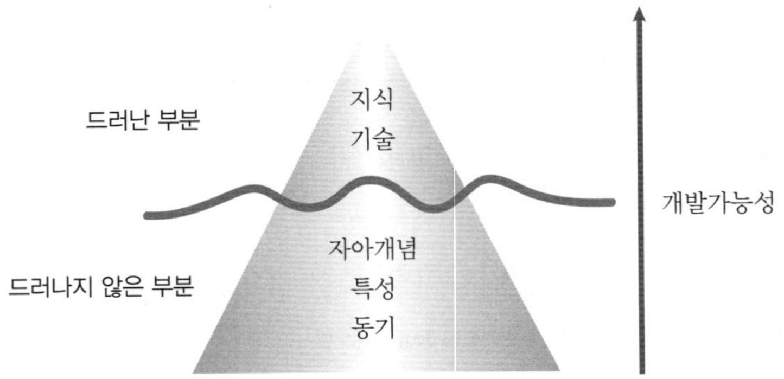

management), 역량모델링은 직무분석에 비해 개인의 인성적인 측면들을 더 많이 다룸

3. 역량모델링과 직무분석의 활용영역

1) 역량모델링

포괄적이고 거시적인 측면의 분석에 있어서는 역량모형이 활용

2) 직무분석

미시적이고 정교한 속성을 가지는 직무분석은 구성원의 수용성 문제가 발생할 수 있는 평가와 보상 등의 영역에서 활용

PART Ⅲ 기능

HUMAN RESOURCE MANAGEMENT

PART Ⅲ 기능

CHAPTER 3 확보관리

HUMAN RESOURCE MANAGEMENT

단원개요

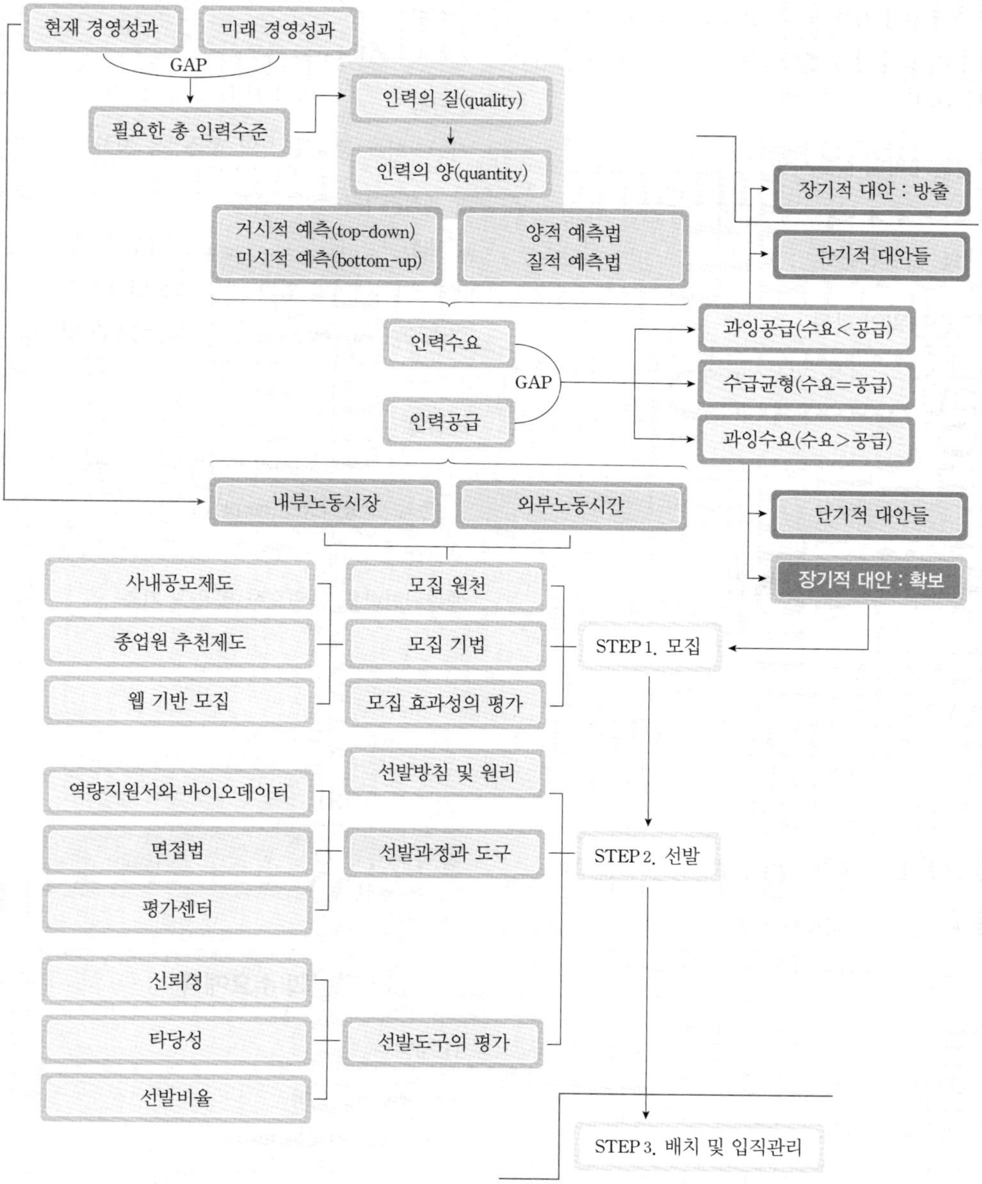

현재 경영성과
미래 경영성과
GAP
필요한 총 인력수준
인력의 질(quality)
인력의 양(quantity)
거시적 예측(top-down)
미시적 예측(bottom-up)
양적 예측법
질적 예측법
인력수요
GAP
인력공급
과잉공급(수요<공급)
수급균형(수요=공급)
과잉수요(수요>공급)
장기적 대안 : 방출
단기적 대안들
단기적 대안들
장기적 대안 : 확보
내부노동시장
외부노동시간
사내공모제도
종업원 추천제도
웹 기반 모집
모집 원천
모집 기법
모집 효과성의 평가
STEP 1. 모집
선발방침 및 원리
역량지원서와 바이오데이터
면접법
평가센터
선발과정과 도구
STEP 2. 선발
신뢰성
타당성
선발비율
선발도구의 평가
STEP 3. 배치 및 입직관리

제1절 HUMAN RESOURCE MANAGEMENT
인적자원계획과 확보관리의 의의

|1| 인적자원계획의 의미와 내용

1) 의의

조직이 그 목표를 달성할 수 있도록 인적자원의 필요량(demand, 수요)과 가용성(availability, 공급)을 분석하고 파악하는 과정

2) 인적자원계획의 검토사항

노동시장의 구조적 변화, 직무영역의 구조적 변화, 노동동기부여의 구조적 변화

3) 인적자원계획의 과정

인력관리 목표의 설정, 인사자료의 수집과 분석, 조직환경의 분석, 수요와 공급의 파악, 인력계획 결과에 대한 피드백

|2| 확보관리의 의의와 범위

1) 의의

충원(staffing)

2) 효과

① 기업 입장에서의 경제적 효과

기업 경쟁력 제고, 조직에 활력, 조직의 안정성 유지

② 종업원 입장에서의 사회적 효과

생계수단을 확보, 자아실현의 욕구를 충족

3) 중요성

오랜 교육기간과 숙련시간을 요구하며 관리의 유동성이 매우 작음

4) 범위

인력수급예측, 모집, 선발

5) 필요성 : 적응전략과 계획전략

① 적응전략의 의의와 특징

a. 개념

인력이 필요한 시점에 도달할 때 채용을, 인력이 과잉인 시점에 도달할 때 방출을 각각 시작하는 인력유동(HR flow)의 관리전략

b. 장점

계획의 불완전성을 극복

c. 단점

시장기회를 상실, 조직의 효율성을 저하

② 계획전략의 의의와 특징

a. 개념

미래 시점에서의 인력 필요량과 인력의 지식·기술·능력(KSA) 제 측면에서의 필요요건을 준비해두는 인력유동의 관리전략

b. 장점

외부노동시장으로부터의 독립성, 종업원의 능력개발욕구를 충족, 고용가능성(employability)

c. 단점

예측위험비용, 불필요한 비용을 지출

제2절 HUMAN RESOURCE MANAGEMENT
인적자원의 수요와 공급

|1| 인적자원의 수요예측

1) 개념

① 수요예측의 의미

필요인력과 정원의 파악

② 인력수요에 영향을 미치는 요인

직무수행 자격요건(인력의 질), 인력의 수(인력의 양)

a. 질적 인력수요의 영향요인

ⅰ. 미래성과

기업의 경영전략에 의거한 제품과 서비스의 생산 및 판매계획을 통해 확립

ⅱ. 성과에 필요한 작업의 내용

생산기술변화의 정도, 적용될 것으로 예상되는 작업방법, 제공되는 작업조건 등에 의해 결정

ⅲ. 작업수행에 필요한 인적자원의 자격요건

자격요건은 대개 숙련도, 지식, 책임감, 직무경험 등의 변수에 의해 영향을 받음

b. 양적 인력수요의 영향요인

ⅰ. 생산량과 기술수준

필요노동량의 정도는 기술수준에 따라 달라질 수 있음

ⅱ. 작업자의 동기부여

작업장에서의 평균적 동기수준이 높아질수록 보다 적은 인력량이 필요

ⅲ. 허용작업시간

주당 근무시간은 법적 환경, 근로시간에 대한 가치관 등의 영향

③ 수요예측 기법의 분류

양적 접근법, 질적 접근법

2) 양적 접근법

기준요소를 설정해서 이를 근거로 통계적 또는 수리적 방식으로 소요인원을 산정하는 방법

① 생산성 비율 분석

a. 개념

생산성의 변화(예 제품 생산량의 증가)에 대한 정보

b. 특징

학습곡선(learning curve)을 이용한 예측이 유용하게 활용

② 추세분석

a. 개념

과거 인적자원수요에 관한 자료를 월별, 분기별, 연별로 작성하고 이를 그래프로 나타낸 추세선을 수학적으로 확장

b. 주요내용

인력변화를 유발하는 각종 요인과 인력규모 간의 관련성을 파악한 뒤, 인노동생산성의 추이를 도출

c. 특징

단기적 수요 예측에는 적합

③ 회귀분석

a. 개념

인력수요에 영향을 미치는 다양한 요인들의 영향력을 독립변수와 종속변수간 회귀방정식의 형태로 계산하여 조직의 미래인력수요를 예측

b. 특징

미래를 보다 과학적으로 예측, 충분한 숫자의 과거 자료, 독립변수들과 인력수요 사이에 유의미한(significant) 상관관계가 존재

④ 노동과학적 기법

연간 총 작업시간을 측정하여 연간 1인당 작업시간으로 나누어 인력수요를 산정

$$\text{수요인력} = \frac{\text{연간 총 작업시간}}{\text{연간 1인당 작업시간}}$$

⑤ 화폐적 접근법

기업이 종업원을 고용할 수 있는 지불능력에 초점을 맞추어 필요인력을 산정

$$\text{수요인력} = \frac{\text{허용 인건비 총액}}{\text{종업원 1인당 평균 인건비}}$$

3) 질적 접근법

전문가의 경험이나 직관 또는 판단

① 자격요건분석법

a. 개념

안정적 환경, 인력의 과부족

b. 특징

관리직종이나 연구직종에 대한 수요산정에 활용

② 시나리오 기법

a. 개념

미래의 직무내용의 변화와 그에 따르는 인력수요의 변동을 예측

b. 주요내용

- 기술환경의 변화 추세
- 시장의 세계화 트렌드
- 에너지 및 원재료의 공급
- 제품시장에서의 수요와 공급
- 경쟁기업의 움직임
- 자본시장 및 자본비용의 발전추세
- 사회적 가치관의 변화추이
- 교육제도의 변화 등

c. 특징

앞으로의 정치 · 경제 · 사회 · 문화적 트렌드, 각종 경제지표, 사회 가치관의 변화 등이 종합적으로 반영, 장기적 예측에 활용

③ 명목집단법

a. 개념

익명성을 보장하고 반대논쟁을 최소화하는 방식으로 문제해결을 시도하는 기법

b. 주요내용

대인 커뮤니케이션이 제한, 최적대안을 생각, 대안과 아이디어를 무기명으로 제출, 회람, 논의, 최적대안에 대해 투표

c. 특징

타인의 영향력을 배제, 소요되는 시간이 비교적 짧음, 리더의 자질에 좌우, 한 번에 한 문제

④ 델파이법

a. 개념

전문가, 서면상의 피드백

b. 주요내용

서면으로 제출, 회람, 코멘트, 토론 진행자, 원래 낸 사람에게 보내고, 수정, 다시 진행자에게 제출, 반복

c. 특징

타인의 영향력을 효과적으로 배제, 실시에 시간이 오래 걸리고 응답자에 대한 통제가 어려움

|2| 인적자원의 공급예측

1) 개념

보유가능인력의 파악

2) 내부노동시장으로부터의 공급

내부노동시장에서의 인력확보, 현재 종업원들이 보유하고 있는 지식, 기술, 능력을 분석(질적 측면), 조직 내에서의 인력변동(양적 측면)

① 대체도

가능한 대체투입인력을 조직도 속에 명기한 표

② 기능목록

핵심직무, 경력, 학력, 교육기록, 자격여부 등을 요약한 표

표 3-1 인력전이행렬(예시)

		연말				
		직무 A	직무 B	직무 C	직무 D	이직
연초	직무 A	0.70	0.10	0.05	0.00	0.15
	직무 B	0.15	0.60	0.05	0.10	0.10
	직무 C	0.00	0.00	0.80	0.05	0.15
	직무 D	0.00	0.00	0.05	0.85	0.10

③ 마코프체인 모델

a. 개념

인력전이행렬(HR transition probability matrix)을 통하여 인력 니즈(needs)를 파악하는 모델

b. 적용방법

① 인력의 이동을 다양한 상황(각 부서별 이동, 사직, 이직 등)으로 분류하고, ② 각 상황이 발생한 확률, 즉 이동률을 계산하여, ③ 이동률을 모두 모아 인력전이행렬을 만들고, ④ 이를 특정한 시점의 조직구성원 숫자에 대입하여 활용

c. 장점과 단점

적용하기가 쉬워 널리 이용, 인력흐름이 비교적 안정된 패턴을 보일 때 그 유효성이 보장, 인력변동 추이가 극심하다면 이 방법을 통하여 인력공급을 예측하는 것이 바람직하지 않음, 인력이 소수(50인 이하)인 경우에도 인력전이행렬의 안정성이 떨어지므로, 인력의 공급예측기법으로 사용하기 힘든 상황도 있음

3) 외부노동시장으로부터의 공급

새로운 고용계약의 창출, 아웃소싱

① 양적 노동공급원

② 질적 노동공급원

|3| 수급불균형시의 대책

1) 인력부족에 대한 대응

① 초과근로 활용

단기적으로 동기부여, 시장에서의 수요변동에 탄력적으로 대응, 스트레스와 과로로 인하여 동기가 저하, 생산성과 산출물의 품질 역시 낮아질 수 있으므로 주의

② 임시직 고용

a. 기간계약고용(기간제 근로)

정해진 시간 동안만 근무하는 고용형태

b. 시간제 고용

기준근로시간보다 짧은 시간 동안 규칙적이고 자발적인 방식으로 고용계약을 체결하는 형태

③ 파견근로 활용

a. 개념

고용하고 있는 근로자를 다른 기업에 파견하여 그 지휘명령에 따라 근로하게 하는 제도

b. 사측의 장점

인건비를 절감, 계절적 고용변화에 대한 완충, 베테랑 인력의 활용, 불확실성에 대한 헤징(hedging)

c. 노측의 장점

근로시간의 유연성, 높은 수입, 취업절차가 상대적으로 간단

d. 단점

신분이 불안정, 잦은 직장 이동으로 인한 불안감이나 정신적 스트레스, 직무만족도가 낮을 가능성이 큼

④ 아웃소싱

a. 개념과 효과

핵심역량을 가지고 있는 부분을 제외한 나머지 영역의 기능을 외주화

b. 필요성

c. 효과와 문제점

인건비를 절감하는 동시에 생산성을 향상, 근로의욕과 조직몰입이 낮을 수 있음

d. 핵심성공요인(critical success factor)

아웃소싱 대상직무를 도출, 외주업체를 선정, 구성원들로부터의 공감대

2) 인력과잉에 대한 대응

① 직무공유

a. 등장배경

b. 개념

하나 이상의 정규(full-time) 근로를 둘 이상의 부분시간(part-time) 근로로 전환

c. 특징

직무의 내용범위뿐만 아니라 직무수행의 시간도 다양하게 구분

d. 장점

인건비 감축, 인력활용의 유연성, 인사관리상의 제반 목적 달성, 추가적인 개인시간을 확보·사용, 기능과 경험의 폭을 확대

e. 단점

예상치 못한 추가적 비용지출, 각종 교육훈련비가 지출, 근무시간 축소로 인한 임금감소 우려, 직무분할의 곤란함으로 인하여 직무공유에 대하여 부정적인 시각

② 기타 방안

조기퇴직, 다운사이징

제3절
인적자원의 모집

| 1 | 모집의 의미와 그 원천

1) 의의

조직 내·외부로부터 유능한 인재를 유인하여 그들이 조직 내 특정 직위(position)에 응시하도록 자극을 주는 장려과정

2) 영향요인

긍정적인 이미지, 직무자체의 매력, 적절한 인사정책

3) 모집 시 유의사항

인력수요와 공급에 대한 철저한 분석, 지나친 과대선전이나 허위광고, 기대와 현실의 차이(expectation-reality gap)

4) 모집의 원천

외부모집원천, 내부모집원천

① 내부노동시장(Internal Labor Market, ILM)을 통한 모집

동기부여, 효율적, 적응하는 시간이 적게 걸림, 인재선택의 폭이 좁음, 정치적 내분, 교육훈련비, 외부로부터의 채용을 수반

표 3-2 외부노동시장 시스템과 내부노동시장 시스템의 비교

	외부노동시장 시스템	내부노동시장 시스템
장점	• 새로운 아이디어나 자질의 유입 • 조직이 필요한 역량을 획득하도록 도움 • 타 산업(cross-industry)에 대한 통찰력 제공 • 경력사원 채용으로 훈련비용의 절감 • 평등한 고용기회라는 목표를 달성하도록 도움	• 현재 직원의 높은 업적에 대한 보상이 가능 • 비용의 효과성 • 사기(morale)를 높임 • 과거 성과를 평가할 수 있음 • 승진의 계승이 가능
단점	• 잘못된 배치(misplacement)의 가능성 • 채용 비용의 증가 • 내부 직원의 사기 저하 • 오랜 적응 기간 필요	• 자기사람 심기(inbreeding)로 인해 조직이 제한된 시각을 가지게 함 • 훈련과 개발에 대한 과중한 부담 • 승진에 대한 정치적 내분 • 탄탄한 경영자 개발 및 육성 프로그램이 필요

② 외부노동시장(External Labor Market, ELM)을 통한 모집

인재선택의 폭이 넓음, 조직분위기의 쇄신, 교육훈련비, 많은 시간과 비용, 불만, 위험부담, 인건비 상승

| 2 | 모집의 방법

1) 내부노동시장에서의 모집방법

사내공모제도(job posting and bidding)

① 장점

사기진작 및 동기부여효과, 평판(reference), 모집비용이 저렴

② 단점

역학관계나 파벌의 영향, 상사와의 불화, 외부인력의 유입이 차단, 사내 공급이 불충분, 지원자의 심리적 위축이 우려

③ 성공요건

내부적으로 동기부여효과가 가장 큰 동시에 외부자가 맡는 것에 대한 리스크가 큰 직위를 선정, 모집절차에 대한 보안을 철저히 지키며 운용

2) 외부노동시장에서의 모집방법

추천제, 비추천제

① 광고(advertisement)

매체의 대중성, 전문매체(예 경제잡지 등)

② 직업소개기관을 통한 모집

모집 및 선발업무를 대행하는 동시에 구직자들에게 적절한 정보를 소개해주는 역할을 하는 중개기관

③ 종업원 추천제도

a. 개념

직장 내 공석이 생겼을 때 기존 직원들이 적임자를 추천하여 신규직원을 채용하는 제도

b. 근거

비교적 효과가 있는 모집제도, 현실적 직무소개(realistic job preview, RJP)

c. 장점

ⅰ. 경제적 이익

ⅱ. 직원들의 자질유지 용이

ⅲ. 선발시간 단축

ⅳ. 기업문화 적응 용이

ⅴ. 동기부여 효과

d. 단점

학맥, 인맥에 근거한 파벌조성, 객관성과 공정성을 확보하기가 어려움, 추천받지 못한 사람들의 취업기회를 원천적으로 봉쇄, 탈락하는 경우 추천자의 반발과 사기저하

e. 성공요건

핵심인재의 확보가 어렵거나 강한 기업문화가 정착된 경우, 다른 모집제도와 혼용, 객관성과 공정성을 유지하려는 노력, 추천자에 대한 보상금을 지급

④ 웹 기반 모집

a. 개념

온라인을 통해 인사관리와 관련한 각종 데이터베이스를 활용하여 기업이 원하는 인재를 모집하는 방법

b. 특징

모집비용을 획기적으로 절약, 세계적인 풍부한 데이터베이스의 활용, 모집과 관련한 전략적 의사결정에도 도움

c. 원천

ⅰ. 인터넷 일자리 포털

고용주들에게 일자리 정보를 업데이트하거나 후보자를 찾을 수 있는 장을 제공

ⅱ. 전문가/경력직/고용주 웹사이트

특수분야의 일자리나 경력직 일자리를 찾는 사람들이 주로 활용할 수 있는 웹사이트, 자사의 홈페이지 자체에 채용정보를 업로드

ⅲ. 사회연결망서비스(social network services, SNS)

잠재적인 고용주의 종업원들과 접촉, 현실적 직무소개(realistic job preview, RJP)의 수단, 소셜 리쿠르팅(social recruiting)

d. 웹 기반 모집과 전통적 모집과의 비교

ⅰ. 모집시간

실시간(real-time)으로 모집활동이 진행

ⅱ. 모집비용

적은 비용이 소요

ⅲ. 개인정보의 보안

개인정보의 보안성

ⅳ. 응모의 횟수

복수의 기업에 모집응모

ⅴ. 모집정보의 다양성

외부의 전문적인 자료와 경험을 이용한 모집

ⅵ. 모집의 도구

모집전문회사의 IT솔루션

e. 웹 기반 모집의 장점과 단점

ⅰ. 장점

ⅱ. 단점

⑤ 인턴제도

a. 개념

잠정적인 수습근무기간(대개 방학 등) 동안 보이는 근무태도 및 성과를 토대로 조직의 가치와 개인의 가치간 적합성이 큰 인력을 조직에서 정식 신입사원으로 고용하는 모집방법

b. 형태

대학 재학 중 방학을 이용, 대학 졸업 후 인턴모집을 별도로 실시

c. 특징

진입충격을 완화, 선발과정의 오류를 최소화

d. 한계와 주의사항

교육훈련이나 채용비용의 대체(replacement) 목적으로만 운영, 정식사원으로 채용된 이후 오히려 노력이 감소, 과도한 정치적 행동이나 인상관리(impression management)

|3| 모집활동 효과성의 평가

1) 평가기준

모집방법, 사람의 수와 질, 비용－편익(cost-benefit)의 분석

① 모집방법에 대한 평가

공석을 채우는데 걸리는 시간, 관계규정/법령 위반여부

② 지원자의 양과 질

기초율이 높다는 것은 총지원자 가운데 자격을 갖춘 지원자의 수가 많다는 것

③ 비용－편익 분석

모집효과의 측정이 어렵기 때문에 주로 모집비용을 측정한 뒤 이를 비교하여 모집활동의 효과성을 파악

2) 모집 효과성의 증진방안

① 인력 DB 관리

표 3-3 웹 기반 모집의 장점과 단점

장점	단점
1) 모집비용의 획기적 절감이 가능하다. 2) 모집업무의 편리성이 증가한다. 3) 지원자들과의 신속한 의사소통이 가능하다. 4) 인재선발의 폭이 확대된다. 5) 타겟 리크루팅(target recruiting)의 폭이 확대된다. 특히 기업이 필요로 하는 특정 지원자군의 선별 모집이 가능해진다.	1) 지원자층의 제한이 발생한다. (IT에 익숙지 않은 사람은 원천적으로 배제) 2) 적극적인 지원자를 선별하기가 곤란하다. (웹 상이므로 지원자의 적극성 파악이 어려움) 3) 실제 선발에 응시하는 비율이 낮아질 수 있다. (동시에 여러 회사 응모) 4) 많은 인원의 응시로 인하여 지원서류 검토에 많은 시간이 소요된다.

② 국가직무능력표준 기반 채용공고

③ 모집인의 능력 개발과 바람직한 행동방식

④ 현실적 직무소개(Realistic Job Preview)

⑤ 타겟 리크루팅(Target recruiting)

제4절
인적자원의 선발

|1| 선발의 의의와 방침

1) 선발의 의의

필요로 하는 직위에 적합한 자격을 갖춘 사람을 선별해 내는 과정

2) 선발의 방침

① 인재상의 결정

인적자원에 대한 독특한 관점, 인적조건(specification), 경력(career), 기업문화와의 적합성(cultural fit)

② 선발방법에 대한 방침

어떤 방법으로 선발을 하는지에 관한 방침, 종합적 평가법, 단계적 제거법

|2| 선발과정과 선발도구

1) 선발의 과정

지원서 접수 및 검토, 선발시험, 면접, 기타 전형요인, 평판조회(reference check)

2) 지원서 분석

역량지원서, 바이오데이터, 학위나 자격증, 추천서

① 역량지원서

형식평가, 내용평가

② 바이오데이터(biodata, 傳記情報)

a. 개념과 활용배경

전기적 정보(biographical information)

b. 바이오데이터의 내용

입사지원서와 함께 설문지 형식으로 수집

c. 바이오데이터의 특징

증명이 가능, 과거 지향적, 팩트(사실) 중심

d. 바이오데이터의 개발과 활용

i. 성과관련 변수의 설정(예 근속, 직무성과 등)
ii. 조사대상 집단의 선정(고성과집단 *vs.* 저성과집단)
iii. 분석할 지원서의 항목 결정(예 거주도시의 인구, 군복무관계, 교육수준 등)
iv. 각 항목별로 빈도수 측정(예 고성과집단의 종업원 중에서 장교의 비율 파악)
v. 각 항목을 평가에 활용할 가중치 결정(예 앞 단계에서 파악된 비율을 토대로 '장교'항목의 가중치 부여)
vi. 지원자 집단에 적용(예 지원자의 군복무관계에 해당되는 항목의 가중치 적용)
vii. 합격자 선정

e. 바이오데이터의 한계와 전망

예측타당성의 문제

③ 학위와 자격증(credentials)

일정수준의 지식 · 기술 · 능력(KSA)을 지원자가 이미 획득, 이해관계자(예 소비자, 지역사회 등)들에게 좋은 신호(signal)

3) 시험법(test)

능력 검사(ability test), 성격검사(personality test), 실무능력검사(work sample test)

4) 면접법(interview)

① 개념과 기능

직무를 수행하기에 적합한지를 판단, 올바른 정보를 제공, 지원자는 자신의 이력이 포함하고 있는 장점을 어필(appeal)하고 단점에 대한 해명

② 면접관의 역할

동기부여자, 측정평가자

③ 면접질문의 주요 내용

신상 일반적 측면, 업무관련 전문역량, 대인관계역량, 도덕성

④ 면접의 종류(유형)

a. 비구조화 면접(unstructured interview)

지원자의 다양한 측면에 대해 면접관이 중요하다고 판단되는 내용을 자유롭게 질문하고 그에 대해 지원자가 답할 수 있도록 하는 면접, 질문이 유출될 우려가 적고, 내면의 본심을 파악하기 유리, 지원자 간의 비교가 어렵고, 면접관 개인의 편견이나 상황 또는 상동효과(stereotype)에 의해 영향

b. 구조화 면접(structured interview)

매우 상세하게 조직화된 질문지를 사용하여 면접관과 지원자에 따른 면접 내용의 편차를 줄이는 데 초점을 둔 방식, 적격자를 가리는데 유리, 신뢰성과 타당성, 내면의 본심을 파악하기 어렵고, 면접질문이 유출될 경우 나중에 지원하는 사람이 유리

c. 반구조화 면접(semi-structured interview)

구조화 면접과 비구조화 면접의 특성을 절충, 지원자 내면의 본심을 파악, 구조화 면접과 비구조화 면접의 단점이 모두 나타남

⑤ 면접의 기법

여러 명의 지원자를 한꺼번에 면접, 다수의 면접관이 한 명의 지원자를 평가, 분석력, 문제해결능력, 설득능력 등을 위주로 평가, 예상하지 못한 상황을 꾸미거나 당황하게 하였을 때의 대응방식을 관찰, 여러 시기에 걸쳐 여러 사람이 면접, 지원서류(이력서, 성적증명서, 자기소개서 등)를 배제하고 지원자를 있는 그대로 두고 평가, 기존의 업적 및 실적기록을 중심으로 면접을 실시, 개인발표(presentation), 주제를 미리 주고 준비시간을 부여한 다음에 면접을 실시, 면접 프로세스의 최종 단계에서 진행되는 면접, 가상의 논제나 상황을 주고 이에 대한 해결방식과 사고과정을 평가

⑥ 면접의 절차

지원자의 일반적 측면, 지원자의 시각과 아이디어, 지원자가 구체적으로 어떻게 과업과 상황을 다루는지에 대해서 확인하는 질문

⑦ 면접선발의 한계

짧은 시간 안에 채용의사결정, 부정적 정보가 수집되어 발생한 나쁜 인상, 다양한 평가오류가 작용할 가능성, 후광효과(피평가자의 어느 한 특징으로 전체를 평가), 구조화 면접(structured interview), 면접평가자에 대한 교육(rater training), 고정관념[특정한 유형(종교, 성별, 인종, 지역)에 대해 가지고 있는 편견에 근거하여 발생하는 오류], 면접관 스스로 객관적 시각을 갖추기 위해 노력, 면접관의 의도가 상대적으로 덜 개입할 수 있는 면접방법을 사용, 맥락효과(맥락에 따라서 평가 및 선택결과가 달라질 수 있는 현상), 면접관이 이러한 맥락효과가 발생할 수 있다는 것을 인식, 주요 선발기준과 이들의 우선순위 및 가중치를 분명하게 정의

⑧ 면접타당도의 향상방안

a. 면접의 타당도

평가자간 신뢰성(inter-rater reliability)이 낮아질 수 있음, 면접타당도에 대해서도 여러 학자들에 의해 의문이 제기

b. 면접타당도를 높이는 방법

직무분석 자료, 면접관을 포함한 기존 실무진들의 면접문항 개발참여, 면접관에 대한 철저한 교육, 실제의 문제상황을 제시하고 이에 대한 해결방안을 질문, 경영진이 면접에 참여하는 방식이 권장

5) 평가센터법(assessment center, AC)

① 개념

후보자들을 일정 기간(대개 2~3일) 동안 합숙시키면서 숙련된 관찰자들이 이들을 집중적이고도 체계적으로 평가

② 특징 및 효과

다수의 평가자, 사전에 철저한 훈련교육, 일련의 표준화

된 테스트, 주관적인 판단 감소, 예측타당성

③ 진행절차

선발 또는 승진 후보자를 선정, 관찰 및 평가의 기준을 설정, 참가자와 평가자에 대한 훈련을 실시, 사전연습, 참가자들의 행동을 관찰, 평가, 측정, 분석, 앞의 결과를 선발, 인력개발, 평가 등에 활용

④ 장점

예비관리자에 대한 신상정보와 능력을 단기간에 파악, 잠재능력에 대한 충분한 정보를 제공, 예측타당성이 높음, 의사결정 실수로 인한 비용을 절약

⑤ 단점

실제상황과 평가센터가 같지 않음, 현혹효과(halo effect)가 발생, 표준화(=규격화)가 어려움, 시간과 비용이 많이 들며, 탈락자의 반발이 클 수 있음

| 3 | 예측치와 준거치의 결합으로서의 선발

예측치(predictors)는 선발의 도구로 활용하는 각 단계(예 시험이나 면접)별 점수, 준거치(criterion)는 실제 채용이 되어 직무를 수행하면서 달성하게 될 업무 성과의 기준

1) 질적 접근

예측치가 질적인 변수, 임상적 방법, 스테레오타입(stereotype)

2) 양적 접근

예측치를 통계적(계량적) 기법에 기반하여 도출

① 프로파일 방식(profile method)

기업에서 성공하는 종업원들의 평균적이고 표준적인 자질을 과거 데이터의 축적/분석을 통해 도출, 수준, 형태

② 회귀분석(regression analysis)

기존에 수집된 다양한 직무관련 예측치들에 가중치를 부여하여 실제 근무성적을 가장 잘 예측하는 회귀방정식을 도출

③ 컷오프(cut-off) 방식

과락제도처럼 각 예측치별 기준선을 설정

3) 역량중심 접근

개인역량을 중심으로 예측치를 구성하여 선발에 활용, 종합 정신적 능력, 인성적 요소

그림 3-1 프로파일에 기초한 선발의 예

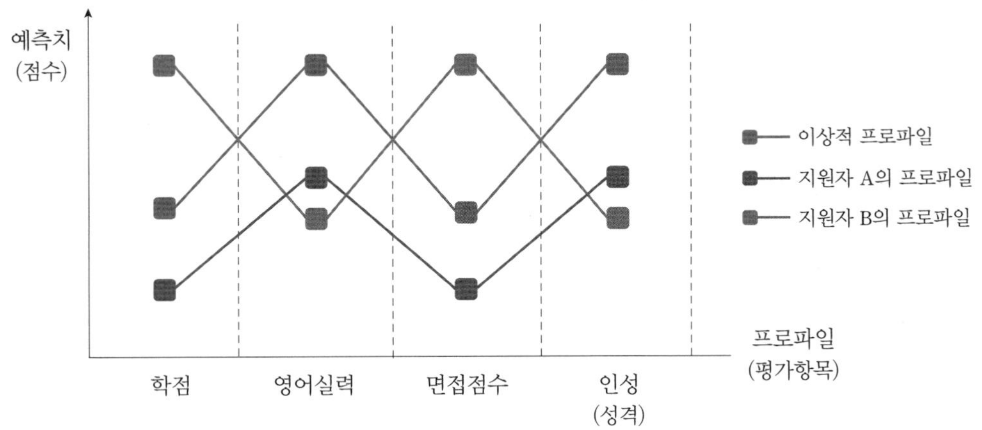

|4| 선발도구 효과성의 평가

1) 선발도구의 평가기준 : 선발유효성과 직무성공률

직무가 요구하는 조건(job requirements)과 지원자의 자격요건(specification) 간의 적합성, 직무성공률(=성공적 직무수행자의 수/선발된 사람의 수), 선발된 인원 중에서 성공적으로 직무를 수행하는 사람의 비율

① 신뢰성(reliability)

a. 개념

일관성(consistency), 안정성(stability)

b. 검증방법

ⅰ. 실시-재실시(test-retest) 검증

신뢰성의 종적인 측면(안정성)을 조사

ⅱ. 대체형식(equivalent form)에 의한 검증

수준이나 내용의 측면에서 유사한 문제들로 구성된 두 개의 시험유형(A, B)을 개발하여 성적 간 상관계수를 측정

ⅲ. 평가자 간(inter-rater) 신뢰성

평가자가 같은 선발방식으로 동일 대상을 같은 시점에 평가할 때 유사한 결과

ⅳ. 내적 일관성(internal consistency) 평가

각 평가항목(예 시험문항) 간 관계의 일관성을 판단, 횡적 측면의 신뢰성 검증, 반분신뢰성(split-half reliability 양분신뢰성), 크론바하알파(Cronbach's alpha)값

c. 저해요인

근본귀인오류, 후광효과, 대비효과

② 타당성(validity)

a. 개념

측정하고자 하는 것을 얼마나 제대로 측정하였는지의 문제, 측정결과를 비교할 수 있는 기준을 필요, 타당성계수(validity coefficient)라 부름

b. 검증방법

ⅰ. 준거타당성(criterion-related validity)

동시타당성, 선발도구의 측정치와 직무성과와의 관계, 선발도구의 측정치가 그 직무를 담당하는 현직 종업원들의 직무성과와 관련되어 있는 정도, 준거치와 예측치의 적용시점은 동일, 예측타당성, 선발도구의 측정치가 지원자의 미래 직무성과를 어느 정도 예측할 수 있는지의 정도, 준거치와 예측치의 적용시점은 상이

ⅱ. 기술타당성(descriptive validity)

선발도구의 측정항목과 실제 측정되는 내용(구성개념) 간의 관계, 내용타당성, 선발도구의 측정 내용이 측정의 원래 취지(subject matter)를 담고 있는 정도, 해당 분야의 전문가들에 의해 판정, 구성타당성, 이론적인 속성

그림 3-2 선발률, 직무성공률, 기초율

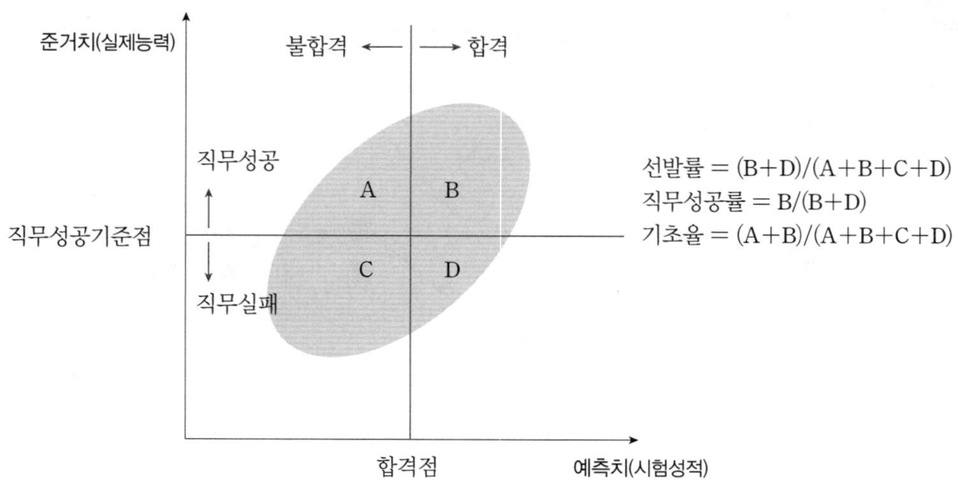

에 부합되고 논리적인 특징을 가지는 정도, 수렴타당도(convergent validity), 판별타당도(discriminant validity)

c. 일반적 선발도구의 타당성

실무능력검사(work sample test, 타당성 계수=0.54), 종합 정신적 능력(general mental ability, GMA) 검사(0.51), 구조화 면접(0.51)

③ 선발비율(selection ratio)

전체 지원자 중 최종적으로 선발되는 사람의 비율, 선발비율이 작을수록 최종 선발인력들의 직무성공확률이 높음

④ 효용성(utility)

선발도구가 조직에 도움이 되는 정도, 비용-편익 분석(cost-benefit analysis)

⑤ 산출률(yield ratio)

각 단계별로 지원자들이 어떻게 축소, 배치되는지를 보여주는 비율

⑥ 수용률(acceptance ratio)

선발에 최종 합격한 사람 중 회사의 입사제의를 받아들여 실제 입사하는 인원의 비율

2) 선발오류의 극복

직무요건의 적임자를 선발하지 못하는 현상

① 제1종 오류의 극복

적격자가 지원에 응할 수 있도록 타겟 리쿠르팅(target recruiting) 등을 통한 적극적 모집

② 제2종 오류의 극복

지원대상자 수의 확대

③ 두 오류의 동시 극복

선발도구를 추가, 합리적이고 예측력이 높은 것으로 알려진 선발도구를 새로이 개발

그림 3-3 동시타당성(左)과 예측타당성(右)

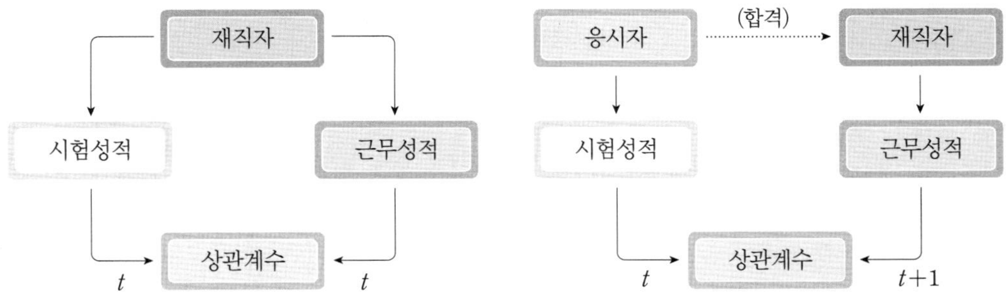

그림 3-4 타당성의 유형

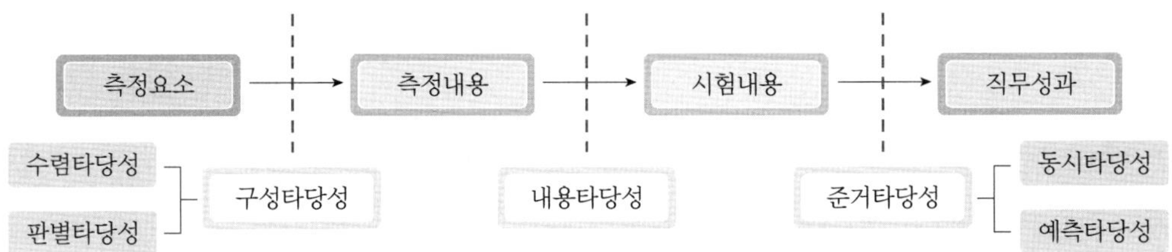

PART Ⅲ 기능

CHAPTER 4
개발관리

HUMAN RESOURCE MANAGEMENT

단원개요

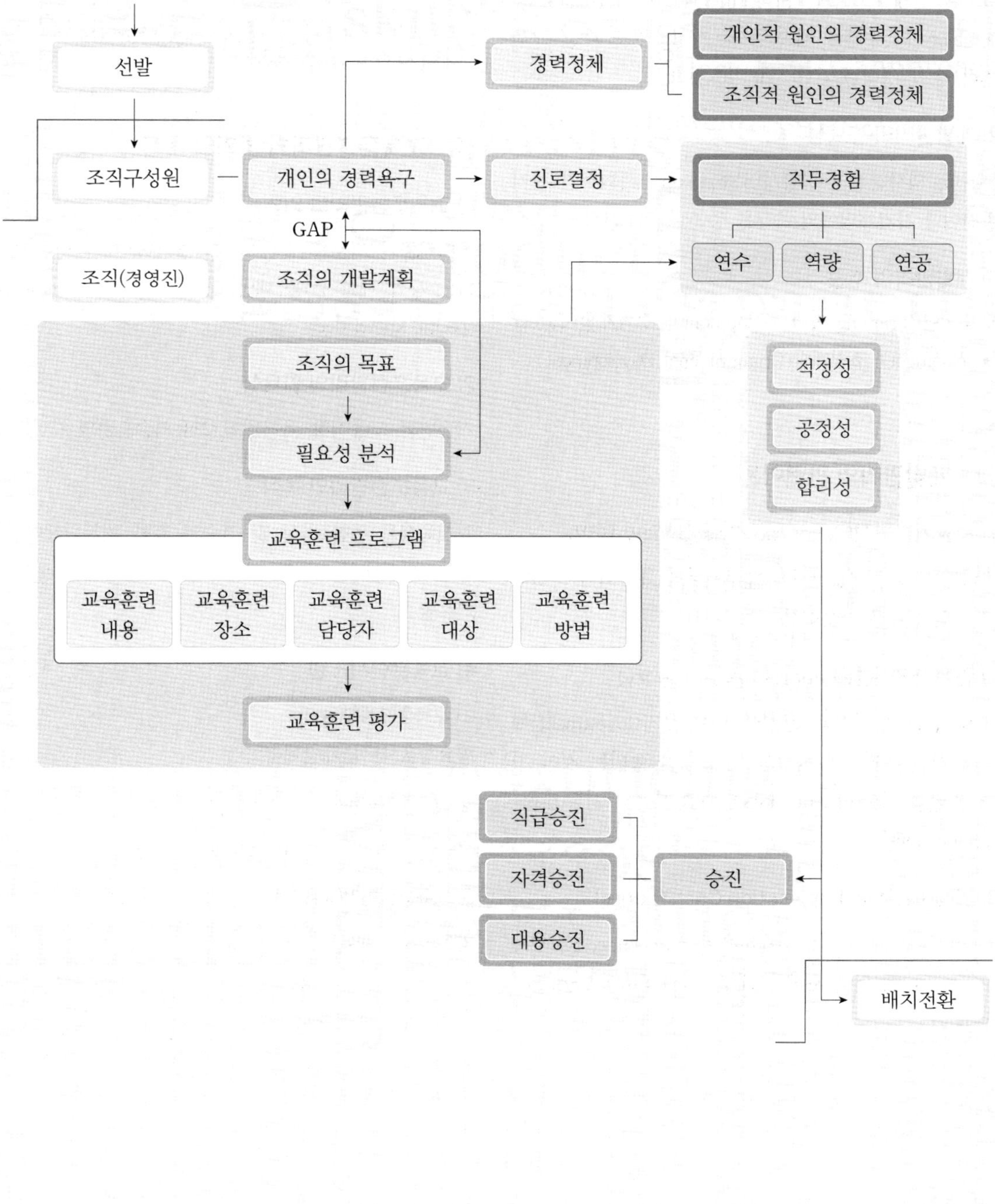

선발
조직구성원
개인의 경력욕구
GAP
조직(경영진)
조직의 개발계획
경력정체
개인적 원인의 경력정체
조직적 원인의 경력정체
진로결정
직무경험
연수
역량
연공
적정성
공정성
합리성
조직의 목표
필요성 분석
교육훈련 프로그램
교육훈련 내용
교육훈련 장소
교육훈련 담당자
교육훈련 대상
교육훈련 방법
교육훈련 평가
직급승진
자격승진
대용승진
승진
배치전환

제1절
개발관리의 의의

| 1 | 개발관리의 의의와 중요성

1) 개발관리의 개념과 범위

확보된 인재가 보유한 지식(knowledge), 기술(skill), 능력(ability)의 수준을 지속적으로 향상시키는 과정, 교육훈련, 승진, 경력관리, 70 : 20 : 10 법칙

2) 개발관리의 중요성

분권화, 의사결정의 상향성(bottom-up), 사회적인 자기발전이나 자기계발에의 욕구를 충족

3) 개발관리의 수준

교육훈련(Training & Development), 경력개발(Career Development), 조직개발(Organizational Development)

| 2 | 개발관리의 관련이론

1) 자원기반관점(Resource-Based View, RBV)

바니(Barney), 핵심인재는 내부적으로 개발되어야 하며 그 외의 인력은 아웃소싱

2) 인적자본이론(Human Capital Theory)

베커(Becker), 교육과 훈련에 대한 투자(investment)를 통해 개인의 기술과 생산성 및 소득을 높이는 것이 가능, 일반적 기술(general skills), 기업 특유의 기술(firm-specific skills)

3) 거래비용이론(Transaction Cost Theory)

윌리암슨(Williamson), 거래비용(transaction cost), 위계(hierarchy)에 의한 조직화, 내부조달과 외부조달(make-or-buy)

4) 인적자원 포트폴리오

스타(star), 일하는 말(working horse),
문제아(problem child), 죽은 나무(dead wood)

제2절
인적자원의 교육훈련관리

| 1 | 교육훈련관리의 의의와 목적

1) 교육훈련관리의 의의

종업원들이 직무를 수행하는데 필요한 제반 역량(지식, 기능, 능력, 태도 등)을 배양, 조직특화지식(organization-specific knowledge)

2) 교육훈련관리의 필요성

기술변화, 노동시장, 욕구변화, 보유기술수준의 자연감소

3) 교육훈련관리의 목적

인재육성을 통한 지식 및 기술의 축적, 커뮤니케이션을 통한 조직 내 협력증진, 자기개발욕구의 충족을 통한 동기유발

4) 교육훈련시스템

① 교육훈련계획(plan)

필요성을 분석, 개발계획

② 교육훈련실천(do)

교육훈련을 실행, 전이(transfer)

③ 교육훈련평가(see)

통제(controlling)

2 교육훈련계획 : 필요성 분석과 학습원리의 파악

1) 필요성 도출의 수준

① 조직 수준

조직전체와 관련되는 제 현상에 문제, 미래의 기대목표와 이를 실행에 옮길 인적자원의 역량간에 차이(gap), 종업원의 의식 측면

② 직무 수준

새로운 직무가 출현, 기술변화

③ 개인 수준

일반종업원, 관리자 및 경영자들이 바라는 교육훈련의 내용을 파악, 학습능력과 동기(motive) 및 선호하는 학습의 유형에 대한 파악

2) 필요성 분석 기법

3) 학습원리의 파악

① 구체적이고 도전적인 학습목표의 설정

목표설정이론(goal setting theory), 구체적이고 도전적인 목표를 설정

② 의미있는 학습자료 및 행동모델의 제시

의미있는 학습자료, 적절한 행동모델,
사회적 학습이론(social learning theory)

③ 적용과 연습의 기회를 제공

과학습(overlearning), 다양한 상황을 설정

④ 피드백과 인센티브의 제시

피드백과 인센티브를 제공, 경력발전과 연결, 인사고과 등에 반영, 승급이나 승진

3 교육훈련실천 : 시스템적 접근

1) 교육훈련시스템의 구성

내용, 장소, 담당자, 대상, 방법

2) 교육훈련의 내용

교육훈련을 통해서 무엇을 가르칠 것인가, 역량적 차원, 태도적 차원

① 역량적 차원

a. 개념

업무수행을 잘하는 사람들이 가지는 다른 사람과 구별되는 행동특성, 핵심역량(core competency)

b. 유형

공통역량(common competency), 기능역량(functional competency), 직무역량(job competency)

② 태도적 차원

a. 개념

자신이 속한 조직에 대한 심리적 자세

b. 유형

직무만족(job satisfaction),
조직몰입(organizational commitment)

3) 교육훈련의 장소

① OJT(사내교육훈련)

a. 개념

직속상사나 선임자에 의하여 이루어지는 직무상의 훈련

b. 장점

직무와 직접관련성이 높은 교육, 결과에 대한 피드백, 동기부여 효과, 상사 및 동료 간의 이해와 협조정신, 비용이 적게 들어 효율적, 맞춤형 교육이 가능

c. 단점

교육훈련의 성과가 떨어질 수 있음, 집중도가 저하, 동시교육이 어려움, 고도의 지식과 기능의 교육에는 상대적으로 부적합

② Off JT(사외교육훈련)

a. 개념

교육훈련을 전문적으로 담당하는 전문스탭의 책임하에 이루어지는 집합적 교육훈련

표 4-1 필요성 분석 기법

기법	개념	장점	단점
자료조사법 (records and reports)	해당기업이 보유하고 있는 제 기록들을 검토	• 객관적인 자료 획득 가능	• 자료가 현재 상황을 제대로 반영하지 못할 가능성 有 • 자료의 내용이 일반적이므로 교육훈련의 체계적 연계에 어려움 有
작업표본법 (work samples)	작업장에서 종업원들이 수행한 작업결과의 일부를 검토	• 작업의 실제상황이 조사됨 • 조사가 작업진행을 방해하지 않음	• 표본이 잘못 선택되었을 때 필요성 판단의 오류발생 가능 • 표본의 올바른 선택을 위해 전문가에 대한 교육이 필요
질문지법 (questionnaires)	종업원을 대상으로 질문지를 통해 태도조사, 문제점조사 등을 실시	• 유용한 정보를 획득할 가능성 높음 • 실시가 용이하며 정보획득에 시간이 많이 들지 않음 • 수집된 정보의 계량적 분석이 용이 • 응답에 비밀이 보장되므로 솔직한 의견 수렴 가능	• 왜곡된 응답을 방지하기 어려움 • 질문지 개발에 어려움 • 질문지 개발에 비용이 많이 듦
전문가 자문법 (key consultations)	기업의 외부 및 내부에서 교육훈련 전문가에게 해당기업의 교육훈련 필요성을 파악하도록 의뢰	• 교육훈련분야에 대한 전문적인 접근이 가능하여 획득된 정보의 타당성이 높음 • 전문가집단이 기업 내부에 소속되어 있는 경우 교육훈련을 실시하는데 필요한 지원을 비교적 용이하게 받을 수 있음	• 전문가집단을 잘못 선정할 경우 이들로부터 얻는 정보의 유용성에 문제가 있으므로 전문가를 선택하는 과정에서 많은 주의가 요구됨 • 정보획득이 신속하지 못할 가능성 有
면접법 (interviews)	교육훈련 담당자가 필요하다고 판단되는 종업원을 개인 또는 집단으로 면접	• 대면하여 대화를 통해 정보를 획득하기 때문에 유용성이 매우 높음 • 직접적 커뮤니케이션을 통해 조직 활성화에 기여	• 시간이 많이 요구됨 • 면접자의 교육이 요청됨 • 비구조화 면접의 경우, 면접결과를 계량화하는데 어려움이 있음
델파이 기법 (Delphi technique)	교육훈련에 대한 풍부한 경험을 가진 수명의 전문가로 구성된 집단이 일련의 과정을 거치면서 필요성을 파악	• 창의적이고 유용한 아이디어의 창출을 유도하기가 용이함 • 전문가 간의 간섭과 영향력 행사를 배제할 수 있어 집단 내 갈등 無	• 장기간이 소요되므로 신속한 정보획득이 어려움 • 진행자의 전문적 지식이 있어야 하므로 이들에 대한 교육이 추가로 요청

b. 장점

전문강사에 의한 지도, 집중도가 높음, 동시교육이 가능, 고도의 지식과 기능을 전수

c. 단점

교육내용이 직무와 직접관련성이 떨어짐, 피드백을 받기까지 상대적으로 오랜 시간, 별도의 교육장소가 필요, 비용, 종업원 개인별 니즈를 반영하기가 어려움

4) 교육훈련의 담당자

OJT방식에서는 라인, Off JT 방식에서는 스탭, SD(self-development, 자기개발방식)

5) 교육훈련의 대상과 기법

① 조직사회화

a. 개념과 단계

ⅰ. 의의

한 개인이 어느 조직에 소속되면서 그 조직생활에 필요한 제반 사항들을 습득하는 과정

ⅱ. 기능과 역할

새로운 세계로 들어서는 신입사원의 진입충격(entry shock)을 완화, 조직정체성(organizational identity)을 유도하여 적극적인 업무활동을 촉진, 개인과 조직의 심리적 계약(psychological contract)의 공고화를 통하여 조직효과성을 향상, 조기이직의 감소로 인력충원비용을 절감

그림 4-1 조직사회화의 과정

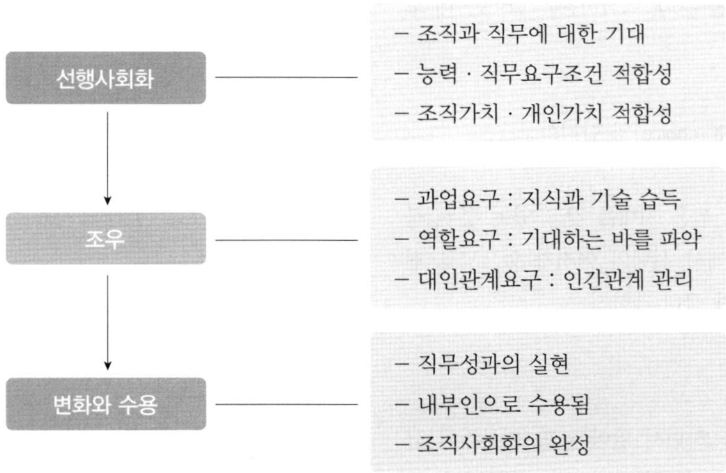

그림 4-2 조직사회화 기법의 활용시기

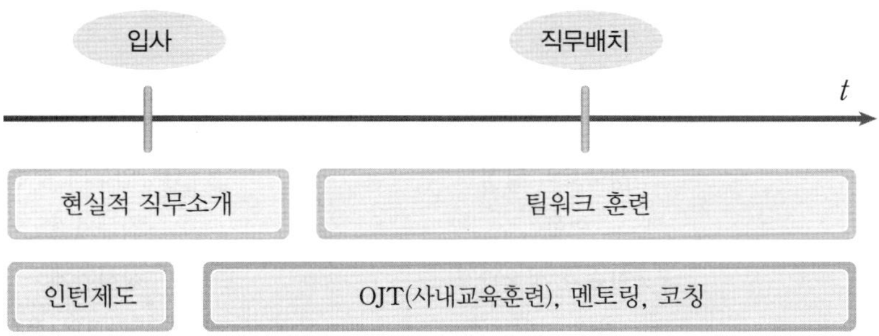

iii. 단계

펠드먼(D. Feldman), 현실감, 조화,
과업요구(task demand), 역할요구(role demand),
대인관계요구(interpersonal demand), 신입사원을 해당 조직의 내부인(insider)으로 인정

iv. 관련된 교육훈련 기법들

현실적 직무소개, 인턴제도, OJT, 멘토링, 코칭, 팀워크 훈련 등

b. 현실적 직무소개

i. 의의

조직에서 요구하는 직무를 수행할 사람과 지원자에 대한 조직의 기대 등에 관한 정보를 매우 현실적이고 객관적으로 소개

ii. 목적

진입충격(entry shock)을 완화, 이직비용을 줄이는 데 도움

iii. 효과

백신 효과, 자기선택(self-choice)의 합리화

iv. 한계

지원자가 비현실적으로 높은 기대를 갖고 있는 경우, 불경기에는 지원자 입장에서 선택의 여지가 없으므로 현실적 직무소개의 효과가 극히 제한적

c. 오리엔테이션

i. 의의

신입사원이 조직생활을 하면서 알아야 할 기본적인 규칙, 정책, 절차에 친숙하도록 하는 대표적 조직사회화 프로그램

ii. 목적

조직의 역사를 소개, KSA 배양의 필요성을 주지, 현실적이고 객관적인 정보를 제공

iii. 내용

조직의 역사(창업 일대기, 주요 연혁 등) 안내, 사업활동 및 범위의 안내, 조직 구성원(경영진, 관리자, 현장 구성원 등)의 소개, 직무의 내용과 관련 규정에 대한 소개 등, 온보딩(onboarding)

iv. 설계지침

구체성, 유인력, 체계적 계획, 효과성을 평가

d. 멘토링

i. 의의

조직생활의 경험이 풍부하고 유능한 사람(멘토, mentor)이 그렇지 못한 신입사원(멘티, mentee)에게 조직의 공식적·비공식적인 규범에 적응할 수 있도록 도와주는 관계

ii. 목적

개인적 측면에서는 리더십의 배양, 자신감의 회복, 업무수행능력의 향상, 역량 개발 등, 조직적 측면에서는 인적자원의 경쟁력 확보를 통한 조직효과성 향상

iii. 기능

도전적인 업무를 부여, 피드백을 제공, 심리적 안정감, 내적 갈등을 상담, 역할 전수자의 기능

iv. 도입효과

회사의 비전과 가치관 및 문화가 강화·유지, 핵심인재의 육성과 우수인재의 유치가 가능, 암묵지의 형식지화를 통한 지식경영에서의 경쟁력 강화

표 4-2 멘토링과 OJT의 비교

구분	멘토링 시스템	OJT
영역	On The Life Training	On The Job Training
목표	인생목표의 달성	담당업무의 수행
요소	역할	직능자격
관계	공동학습과 성장관계	상하관계
내용	자립 지원	업무 지식의 전수

v. 한계

최고경영진의 적극적 의지가 없다면 멘토링 역시 실패, 명령일원화의 원칙이 영향, 관할권한의 문제, 특정 멘토를 두고 질투나 편애 등으로 인한 갈등, 성격충돌 등의 가능성

e. 코칭

i. 의의

구성원을 동기부여하기 위해 함께 일하며, 기술습득을 돕고, 각종 강화(reinforcement)나 피드백을 제공하는 동료나 관리자의 역할

ii. 멘토링과의 비교

업무적 측면, 직접적 경험을 반드시 필요조건으로 하지는 않으며, 상호 수평적 관계에서 의뢰자(client)의 잠재력 발견에 초점

iii. 역할

자원(resource)과 업무 경험들을 구성원에게 제공, 조직 성과에 기여할 수 있는 강점을 발견하도록 돕는다.

iv. 유형

실제 경영상황에서 개인의 성과를 개선, 최고경영자의 개발을 위해 사용되는 코칭방법

v. 효과

생산성 향상, 경력개발에 필요한 구체적 실행계획(action plan) 수립에 도움

f. 팀워크 훈련

i. 의의

개인이 팀의 활동에 참여하여 팀의 목표를 공동으로 추구하며, 이 과정에서 팀의 규범에 동의하여 팀 구성원으로서 유대를 강화

ii. 사례

산악등반이나 지옥훈련으로 불리는 각종 외부 훈련프로그램

iii. 특징

팀 인원의 1/4 가량을 기존 내부인으로 구성

iv. 효과

팀 협동 문화를 직접 체험, 팀과 조직의 가치를 습득, 기존의 관료적 조직명령과 위계서열 하에 익숙해진 종업원들의 업무문화를 팀 중심으로 효과적으로 바꿈

② 작업층 교육훈련

실습장훈련, 도제제도, 직업학교 훈련

③ 관리층 교육훈련

의사결정 능력, 인간관계 능력, 기술적 능력,
관리자 개발(managerial development)

a. 인바스켓 훈련(in-basket training)

가상의 기업에 관한 정보를 제공한 뒤 특정 상황에 대한 문제해결을 시도, 모의상황이 다양하고 실제상황과 유사하기 때문에 훈련자들에게 흥미를 유발, 훈련효과(업무상황에 대한 대처)를 계량적으로 측정하는 것이 어려움

b. 비즈니스 게임(business game)

"경영의사결정－결과분석－피드백"의 과정을 반복하며 의사결정의 질을 높이는 능력을 제고하는 교육훈련의 기법, 의사결정의 효과성 및 정확성 여부에 대한 판단이 가능, 게임에 이기는 데만 집중

그림 4-3 관리층 구분에 따라 요구되는 능력

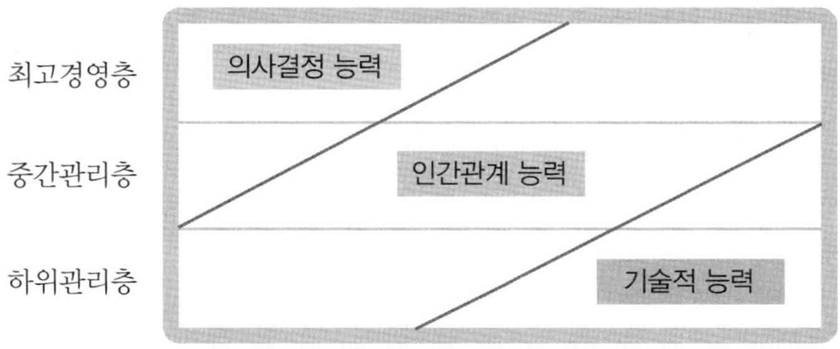

c. 사례 연구(case study)

실제로 일어난 일련의 사건과 현황들을 교육참가자에게 제시하고 참가자들은 각 사례별 문제점, 원인, 대안 등을 찾아 발표하는 방식의 교육훈련 방법, 흥미와 학습동기를 유발, 기업의 실제 당면 과제에 대한 학습이 가능, 적절한 사례확보가 쉽지 않으며, 학습의 진도에 대한 측정이 어려우며 이론의 체계적 학습이 쉽지 않음

d. 역할연기법(role playing)

인간관계에 대한 태도개선 및 인간관계기술의 향상 목적으로 실시 가능한 교육훈련 기법, 흥미와 체험감, 개인의 약점에 대한 파악, 아는 것과 행동하는 것 사이의 격차(knowing-doing gap)를 줄임, 역할연기를 적용할 수 있는 교육범위가 제한적

e. 행동모델법(behavior modeling)

어떤 상황에 대한 가장 이상적인 행동을 제시하고 교육참가자가 이 행동을 이해하고 그대로 모방하게 하는 방법, 구체적 상황에 대한 이상적 행동을 제시, 실무에서의 시행착오를 줄이는데 도움, 비용, 학습이 가능한 행동의 수가 많지 않음

f. 감수성 훈련(sensitivity training, T-group training)

지식보다는 태도와 행동의 변화에 초점을 둔 대인관계 향상 교육, 타인에 대한 편견을 줄이고 개방적 태도를 취할 수 있음, 개개인의 태도와 행동이 변화하였다 해서 그 효과가 조직 전반으로 나타나지는 않을 수도 있음

g. 교류분석법(transactional analysis)

두 사람 간에 나타나는 대화의 내용을 분석함으로써 인간관계능력의 향상을 도모하는 교육훈련 기법, 어버이형(P, 도덕적이고 보수적), 성인형(A, 이성적이고 합리적), 어린이형(C, 의존적이며 창의적), 실질적인 인간관계에 대한 깊은 통찰력을 제고, 실무상의 갈등관리에 시사점을 제공, 학습의 진도를 파악하기가 어려우며 적절하고 기업실무에 맞는 교류분석의 사례를 개발하는데 어려움

h. 대역법(understudy)

직속상사와 미래에 그 자리를 계승할 예정에 있는 부하가 같이 일을 하면서 그 상사로부터 업무에 관한 자세한 사항을 교육받는 제도, 개인별 교육, 교육내용의 실무적용, 학습의욕, 우수한 상사가 반드시 우수한 '교사'가 되지는 못함, 교육이 형식적이고 의례적

i. 청년중역회법(junior board of directors)

모의이사회를 정기적으로 개최하여 조직의 문제점에 대한 회의와 토론을 거쳐 적절한 해결방안을 모색하고 이 내용을 해당부서에 피드백, 조직 전반에 대한 지식을 획득하는데 매우 효과적, 조직 내 커뮤니케이션의 활성화, 선발되지 못한 관리자와 모의이사들간의 갈등, 각 부서에서 모의이사회에 자신들의 문제를 솔직하게 공개하지 않을 가능성

6) 액션러닝(action learning)

① 개념과 유래

행동을 통한 학습(learning by doing), 1945년 영국의 레반스(Revans)가 국가석탄위원회(national coal board)의 요청으로 광부들을 대상으로 처음 시행한 데서 유래

② 등장배경

감수성 훈련(T-group training),
구조적 피드백(structured feedback), 액션러닝

③ 구성요소

문제, 이슈 또는 과제, 그룹(또는 팀), 질의와 성찰의 과정, 실행의지, 학습의지, 러닝코치

④ 기존 교육훈련 기법과의 차이점

⑤ 장점과 단점

a. 장점

미래지향적, 문제해결 지향적 교육훈련 기법, 교육훈련 비용 대비 효용이 크다, 행동과 성과에 대한 유용한 피드백, 혁신적인 문제해법을 만들 수 있다, 실현가능성이 높아진다, 구성원의 조직몰입도와 직무몰입도를 증가

b. 단점

액션러닝을 실시하기에는 비용이 많이 듦, 학습에 소요되는 시간, 효과를 실증연구를 통해 검증하기가 쉽지 않음, 학습효과의 개인차

⑥ 성공적 활용방안

a. 적절한 문제선택

b. 조직차원의 지원

c. 효과적인 팀 구성

d. 정기적이고 체계적인 평가

7) 이러닝(e-learning)

① 의의

인터넷이나 사내 인트라넷을 사용하여 실시하는 온라인 교육

② 장점

시간과 공간의 제약을 초월, 동시에 많은 직원을 대상으로 교육을 실시, 스스로 학습속도를 조절(self-paced), 상호작용적 교육, 오류의 즉시수정이 가능, 온라인을 통한 실시간 피드백

③ 단점

인터넷 접속이 원활하지 못할 경우 교육진행에 지장, 컴퓨터 사용능력이 어느 정도 갖추어져 있어야 함, 최초 도입기에 많은 비용투자가 요구, 주제에 따라 이러닝이 적합하지 않을 수도 있음, 최고경영자의 적극적 후원 필요

8) 혼합형 학습(Blended learning)

① 의의

다양한 학습방법(주로 전통적인 면대면 방식과 e-러닝)과 전달방식을 결합하여 최대의 학습효과를 추구하는 전략, 온라인 교육과 오프라인 교육의 단점들이 각각의 장점으로 보완

② 특징

지속적인 학습이 가능, 시간과 공간을 초월, 교육의 효과성을 극대화, 개발시간과 비용을 최적화

③ 성공적 활용방안

오프라인에서의 주(main) 학습의 기초지식을 사전에 맛보거나 주 학습 관련 정보를 알려줄 때, 실제적인 의사결정에 대한 연습을 하거나 배운 내용을 회상하는 용도, 온라인에서의 토론을 통하여 학습자 간 상호 작용을 활성화, 질문과 피드백을 요청할 수 있는 기회를 오프라인에서 제공

표 4-3 액션러닝과 기존 교육훈련 기법과의 차이점

전통적인 교육방법	비교기준	액션 러닝
공급자(강의자) 중심	패러다임	수요자(학습자) 중심의 학습
문제상황에 대한 전문지식을 보유하고 있는 소수의 외부전문가에 의한 교육	철학	문제상황에 직면하고 있는 내부구성원 모두가 전문가
이론과 실천의 분리	이론과 실천의 관계	이론과 실천의 통합
주입식	교수-학습 전략	참여식
전문적 지식의 습득 및 기술의 집중적인 단기간의 훈련	적합한 영역	일반적인 경영관리 능력의 배양
수동적 지식의 흡수자	교육생의 역할	적극적 참여자
현장과 관련성이 적은 이론적 주제들	강조점	현장 중시의 비구조적 문제 또는 기회의 해결 및 발전
교육을 위한 교육 (교육전략 ≠ 경영전략)	교육과 경영의 관계	교육의 경영성과 기여도 극대화(교육전략 = 경영전략)

| 4 | 교육훈련 성과의 평가

1) 교육훈련 평가의 개념과 목적

조직효과성에 대한 기여도, 즉 성과의 제대로 된 측정과 평가가 필수적으로 요청, 목적, 의사결정자에게 정보를 제공, 프로그램의 실시결과를 피드백

2) 교육훈련평가의 접근법

① 거시적 접근법

교육훈련 전체를 평가단위로 간주

a. 비용비교분석법(cost comparison analysis)

i. 개념

교육훈련 활동에 투자되는 모든 투입요소 중 화폐적으로 환산할 수 있는 지출비용을 기간별로, 그리고 구조적으로 비교하여 교육훈련 활동의 성과를 평가하는 기법

ii. 특징

각종 비용의 합리적 통제(control)를 가능하게 한다는 장점, 비용만으로 교육훈련의 가치를 확인하는 것이 불가능하며 원가절감에만 지나치게 치중할 수 있다는 단점

b. 비용－편익 분석법(cost-benefit analysis)

i. 개념

교육활동에 배분된 제 자원 중 화폐적으로 환산할 수 있는 대상과 교육훈련의 결과로 나타나는 제 산출을 서로 비교·분석하는 기법

ii. 절차

비용항목을 파악, 편익항목을 파악, 현재가치(present value, 現價)로 환산, 최종 결과를 분석

iii. 특징

교육훈련의 경제성을 확실히 파악할 수 있으며 교육훈련에 대한 임의적인 의사결정을 저지할 수 있다는 장점, 편익을 화폐단위로 환산하는 것이 쉽지 않으며 편익의 인식과정에서 주관성이 상당히 개입한다는 단점

② 미시적 접근법

교육훈련 시스템을 구성하는 개별 요소(내용, 참가자, 담당자, 기법 등)에 평가의 초점

a. 내용 평가

교육내용이 교육목표의 달성에 어느 정도 기여할 수 있는지를 질적으로 판단

b. 참가자 평가

교육대상이 적절히 선정되었는지, 교육훈련에 대한 태도, 학습내용이 제대로 전달, 업무성과 향상에 도움

c. 담당자 평가

교육자로서의 임무, 조직 대변자로서의 임무

d. 기법 평가

기능적 측면, 경제적 측면

그림 4-4 교육훈련 평가에 대한 거시적 접근법과 미시적 접근법

3) 교육훈련 평가의 실제

① 커크패트릭의 교육훈련 평가기준

커크패트릭(Kirkpatrick), 반응, 학습, 행동, 결과

a. 단계별 평가내용

반응, 전반적 느낌이나 만족도, 설문지나 인터뷰, 학습, 교육 참가자들의 KSA에서의 향상도에 대한 평가, 사전/사후 비교검사(교육 전후의 상태를 비교)나 통제집단 비교(교육집단과 비교육집단간 비교), 시험(test), 행동, 교육 참가자들의 성과행동에 일어난 변화를 평가, 인터뷰나 직·간접적 관찰, 그리고 설문조사를 통해 파악, 결과, 조직효과성의 변화 정도를 측정, 비용-편익 분석

b. 시사점

평가용이성과 각각의 조직가치기여도는 서로 상반(trade-off)관계

c. 커크패트릭 평가방법의 현실적 한계와 보완방법

ⅰ. 측정이 어려운 영역

행동, 결과 수준에서 효과를 측정하는 경우는 드묾

ⅱ. 보완방법

• 일선관리자들의 피드백 제공
• 교육효과의 계량적 분석

② 골드스타인의 타당성 평가

골드스타인(Goldstein), 교육훈련이 당초 목적한 바를 충족시키는데 기여했는가에 관한 것

a. 내적 타당성(internal validity)

훈련 타당성(training validity),
전이 타당성(transfer validity)

b. 외적 타당성(external validity)

조직 내 타당성(intraorganizational validity),
조직 간 타당성(interorganizational validity)

③ 교육훈련 평가지표로서의 투자수익률(ROI)

a. 의의

투자수익률(return on investment : ROI)은 미국 Dupont 社에서 개발한 재무분석지표로서 기업이 자본을 투자하여 얼마의 세후영업이익을 올렸는지를 나타내는 지표

b. 도입배경과 사용목적

전세계적인 경기하강 국면 속에서 인사관리 부서의 전략적 가치를 입증, 인사부문 투자경비에 대한 회계적 책무성(accountability) 요구가 증가, 전사적 품질경영(TQM)의 도입과 조직의 업무프로세스 개선이 중시

c. 교육훈련 성과측정의 실제

ⅰ. 투자요소(Investment)에 해당하는 비용측면

얼마나 많은 비용(예산)을 인적자원을 위해 투자하는가

ⅱ. 수익요소(Return)에 해당하는 절약액 측면

교육훈련을 통해 수익(효익이나 부가가치)의 창출을 저해하는 여러 요인들을 얼마나 줄일 수 있는가

그림 4-5 교육훈련평가의 4가지 기준

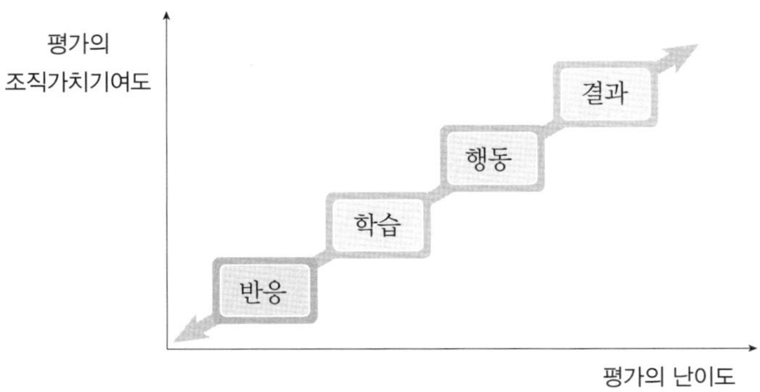

iii. 투자수익률(ROI)의 계산

최종적인 투자수익률은 순효익(=효익-비용)을 비용으로 나누어 계산

$$\text{ROI}(\%) = \frac{\text{순효익}(=\text{효익}-\text{비용})}{\text{비용}}$$

4) 인적자원개발 포트폴리오

① 인적자원개발 포트폴리오 분석의 의의

제품-시장 포트폴리오 분석(product-market portfolio analysis), 중요성, 적용가능성

② 포트폴리오 대응전략

a. 슈퍼스타

유지(hold)해 나가는 전략

b. 방황하는 별

구축(build) 전략

c. 붙박이 별

추수(harvest) 전략

d. 별똥별

투자회수(divest) 전략

그림 4-6 교육훈련의 타당성 유형

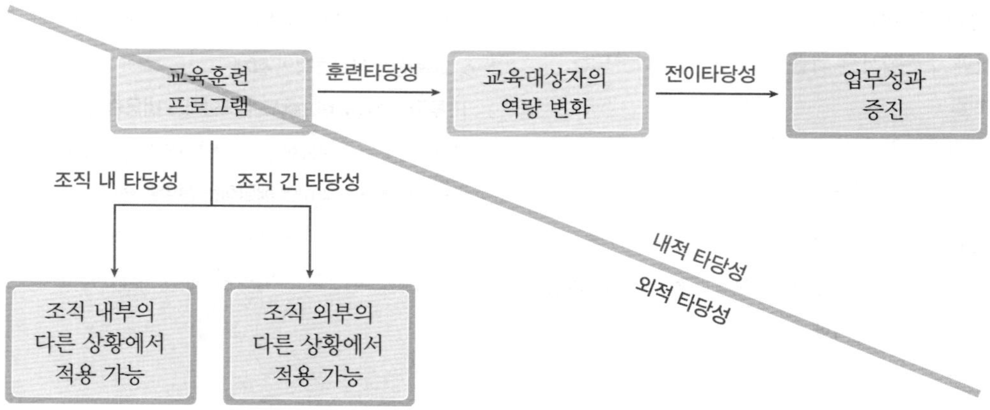

그림 4-7 인적자원개발 포트폴리오

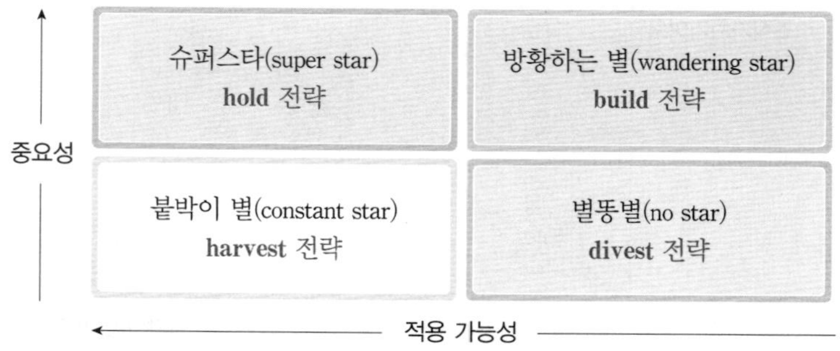

제3절 HUMAN RESOURCE MANAGEMENT
승진관리

|1| 승진관리의 의의와 목적

1) 의의

승진(promotion), 권한 및 책임의 크기가 증가, 임금 및 지위 등이 증가

2) 계층별 요구역량과 승진

신입사원들에게 요구되는 역량은 관리자급 또는 그 이상에서 필요로 하는 역량과 차이, 승진관리에 있어서는 현 시점에서의 업무성과뿐만 아니라 향후 관리자급으로의 성장잠재력도 함께 보아야 함

3) 목적 : 구성원의 자아실현과 조직의 효과성 증대

직장생활의 보람과 기쁨을 제공, 우수인재의 유치와 내부인력의 동기부여

|2| 승진의 기준

1) 기본원칙

① 적정성 : 공헌과 승진의 연관성

조직에 대한 공헌의 크기와 승진의 기회간 상관관계

② 공정성 : 승진대상 선정의 기준

승진의 기회를 올바른 사람에게 주었는가

③ 합리성 : 공헌내용 파악의 기준

공헌의 판단이 인습이나 감정에 기반한 것이 아닌 조직적 가치관과 직무수행능력에 기반했는가

2) 승진의 기준

① 연공주의

개인이 조직에 공헌한 기간, 학력별 근속기간이 중시되는 경향, 장유유서(長幼有序), 연공과 숙련이 비례, 객관적 평가시스템의 구축 미비

② 능력주의

개인의 직무수행역량, 세계화, 점차 능력주의 승진기준의 도입이 증가하고 있는 추세, 고도의 기술을 필요로 하거나 그 변화속도가 빠른 하이테크 기업, 직무수행역량 향상을 위해 노력한 만큼의 승진이 주어진다는 점에서 합리적

3) 한국기업에서 활용되는 승진기준의 실제

① 경력평정

근속연수를 기준, 숙련상승설, 근속연수와 역량신장간의 관계가 비교적 정비례에 가까운 시기(표준연수)에 주로 경력평정을 활용하는 것이 권장

② 인사고과

종업원의 능력(현재능력 및 잠재능력), 개인적 특성, 직무행동, 직무성과(업적) 등을 주로 평가

③ 연수평정

교육훈련 프로그램에 참여하여 획득한 학습성과

|3| 승진제도

1) 실질적 승진과 형식적 승진

직위등급과 직무내용 간의 괴리, 실질적 승진, 형식적 승진

그림 4-8 승진의 기본원칙

2) 승진제도

① 직급승진

조직 내 계급구조를 따라 상위직급으로 이동

② 자격승진

직무수행능력(직능)을 기준으로 승진, 직종별 직급과 직능의 수준을 분리, 직능자격제도, 종업원의 능력신장을 자극하고 승진정체현상을 감소, 종업원의 역량이 과잉인 경우(overqualified)에는 동기가 오히려 저하, 과다한 수준의 보상이 지급

③ 대용승진

승진필요성은 있지만 직책이 없는 경우에 직무내용의 실질적 변화없이 직위명칭이나 자격호칭상의 상승만 이루어지게 하는 것

|4| 승진제도의 문제점과 향후 전개방향

1) 현행 승진제도의 문제점

승진평가의 타당성에 많은 의문, 능력주의 인재등용이 어려운 경우, 승진적체, 승진기준이 불명확, 승진에 지나치게 집착

2) 승진제도의 전개방향

성장잠재력을 감안하여 승진을 실시, 능력과 역량을 중심으로 하는 조직문화의 정착, 팀제를 근간으로 하는 수평적 조직으로의 전환을 시도, 공개형 승진평가시스템을 확립, 다양한 경력개발 프로그램을 내실화

제4절 경력관리

HUMAN RESOURCE MANAGEMENT

|1| 경력관리의 의의와 목적

1) 경력관리의 개념과 필요성

경력관리(경력개발, career management or development)란 '개인의 성장목표'와 '조직효과성 목표'의 조화를 이룰 수 있는 방향으로 개인 직무상의 여정을 설계하는 관리과정, 세계화로 촉발된 무한경쟁 분위기, 사회구성원의 가치관이 집단주의에서 개인주의로 변화, 팀조직의 보편화로 대표되는 분권화 추세

2) 경력관리의 목적

인적자원을 효율적으로 확보, 노하우를 체계적으로 축적, 성장욕구를 충족, 자리에 대한 안정감(job security), 미래비전을 확립, 경쟁력과 고용가능성을 높일 수 있다.

그림 4-9 경력관리시스템

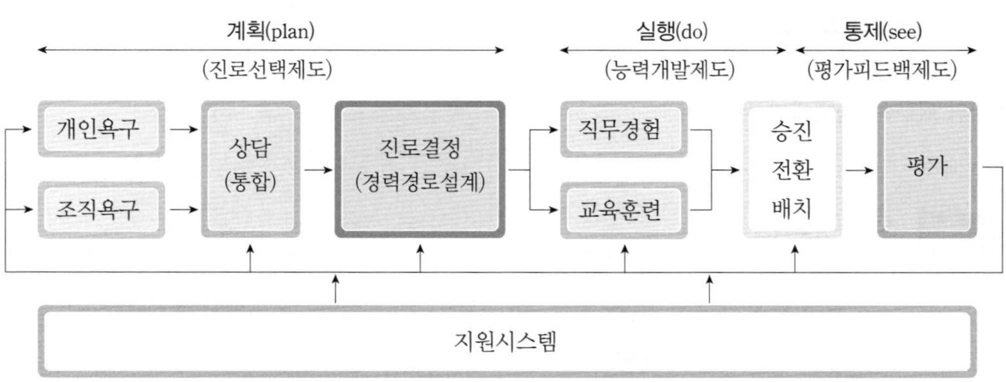

2 경력개발시스템

1) 경력개발시스템의 개요와 과정

① 개요 : 조직차원의 경력개발시스템

계획, 실행, 통제, 지원시스템

② 과정 : 개인차원의 경력관리과정

경력탐색, 경력 목표의 설정, 경력전략의 수립, 경력전략의 실행 · 피드백 · 수정, 경력의 평가

2) 경력계획

경력욕구(career needs), 경력경로(career path)

① 개인의 경력욕구

a. 리치의 연구내용

경력욕구가 형성되는 원리를 원인변수(예 유전, 사회경제적 지위, 교육과 경험 등)와 매개변수(예 자기존중감 등), 그리고 결과변수(예 경력욕구) 간의 순차적 인과관계로 설명

b. 샤인의 연구내용

유년기에 형성된 삶에 대한 태도에서 비롯되는 개인이 추구하는 인생지향점으로서의 경력욕구를 경력닻(career anchor)이라 표현

c. 홀랜드의 연구내용

종업원의 이직의도와 직무에 대한 만족도는 개인의 성격이 직무 환경에 조화되는 정도에 따라 결정

② 조직의 경력욕구

기업의 목표성과, 필요한 조직역량, 필요한 직무와 역할, 보유하고 있는 인적자원의 역량을 파악, 부족분을 파악

③ 경력경로의 설계

경력경로(career path)란 개인이 조직에서 여러 종류의 직무를 수행함으로써 경력을 쌓게 될 때 그가 수행할 직무들의 배열

a. 일반적 경력경로 유형

관리직으로서의 경력경로(선형경력, linear career),
전문직으로서의 경력경로(전문경력, expert career)

b. 이중경력경로(dual ladder career path)

i . 의의

전문직과 관리직을 종합적으로 육성하는 경력경로,
다중경력경로(multiple career path)

ii . 도입배경

훌륭한 기술을 지닌 엔지니어, 연구직, 그리고 영업직 사원들은 중기경력 이후 경력딜레마에 당면

iii. 도입 효과

관리자와 전문가 경로의 옵션 제공을 통해 구성원들로 하여금 계속 조직에 남아 조직 혹은 자아실현에 기여할 수 있는 기회를 부여

iv. 문제점

전문직 경로와 관리직 경로간 처우와 보상의 차별, 전문직 경로에 남은 사람은 무능한 사람이라는 인식, 전문직은 관리직에 비해 성과에 대한 부담

v . 제도의 개선방향

관리자 경로와 전문가 경로에 대한 많은 정보를 제공, 전문가 경로와 관리자 경로의 수평적 이동이 가능하도록 설계, 전문가 경로 설계 시 금전적 보상 등 관리자 경로와 형평성, 경력 이동에 따른 적절한 멘토링 제도와 교육 프로그램을 개설하고 개인 니즈를 승진 의사결정에 적극적으로 반영, 자신의 경력 개발 방향에 대해 깊이 고민, 적극적으로 자신의 역량 개발을 위해 노력

c. 최근의 경력 개념

i . 무경계경력(boundaryless career)

조직의 경계를 뛰어넘어서 경력계획을 설정하고 경력개발을 시도하는 경력경로를 의미, 다른 조직으로의 움직임이 경력전개의 새로운 주안점, 무경계경력 시대에서 필요한 역량은 전통적 경력에서와 확연히 다름, 개인이 경력가치판단을 수행하는 주체로서의 책임감과 의사결정 수행을 담당하는 주체로서의 가치관을 가질 것을 강조

ii . 프로티안 경력(protean career, 다변형 경력)

조직과 직무의 차원 모두를 변화시켜가는 경력개념, 고용가능성(employability), 개인주도형 개발을 중시, 경력개발의 성공여부를 판단하는 기준을 개인의 가치관에 둠, 과거와 차별화된 새로운 역량이 요청

iii. 맞벌이부부 경력(dual-career)

부부의 경력개발을 함께 고려하면서 경력계획을 수립해야 함을 의미하는 개념, 기업은 자녀의 육아와 교육에 대한 부담을 부부가 어떻게 나눌 것인가에 따라 남편과 아내의 경력경로가 달라질 수 있음에 유의, 경력설계에 있어 당사자들과의 충분한 협의, 기업 내에서 직무재배치나 승진에 따른 근무지 이동을 어떻게 관리할 것인가 하는 문제

iv. 포트폴리오 경력(portfolio career)

자율성, 높은 임금, 다양한 스킬의 축적 등을 동시에 추구

3) 경력실행

초기－중기－후기단계, 홀(Hall)의 4단계 모형

① 초기경력관리

직무역량과 전문성을 키워나가는 단계, 체계적인 입직교육, 상사 및 동료로부터의 피드백

② 중기경력관리

자기평가, 목표재정립, 실직대비계획 수립, 경력이동기회, 직무능력개선기회, 교육훈련 및 보상시스템의 확충

③ 후기경력관리

가교고용, 아웃플레이스먼트

4) 경력정체현상과 그 극복방안

① 경력정체의 의의

개인이 조직생활에 대한 불만족과 성장욕구의 좌절 등을 경험함으로써 높은 지위로의 승진에 대한 의욕을 상실하는 현상, 객관적 정체, 주관적 정체

② 경력정체 인력의 유형

a. 이상형 경력정체(사실적 인식, 능동적 특성)

경력정체에 대한 책임이 본인에게 있다고 믿고 주어진 상황에서 조직과 자신에 대해 최선을 다해 노력

b. 방어형 경력정체(왜곡적 인식, 능동적 특성)

자신의 경력이 정체된 원인을 조직에 귀인하는 경향이 있으며, 타인을 비난하고 조직에 대해 부정적인 행동을 과감히 함

c. 성과미달형 경력정체(사실적 인식, 수동적 특성)

조직에 대해 별 다른 대응을 하지 않으며, 스스로 현실에 안주하려는 자세

d. 절망형 경력정체(왜곡적 인식, 수동적 특성)

현실에 대해 절망하고 무기력함을 가지는 사람

그림 4-10 홀의 경력단계모형

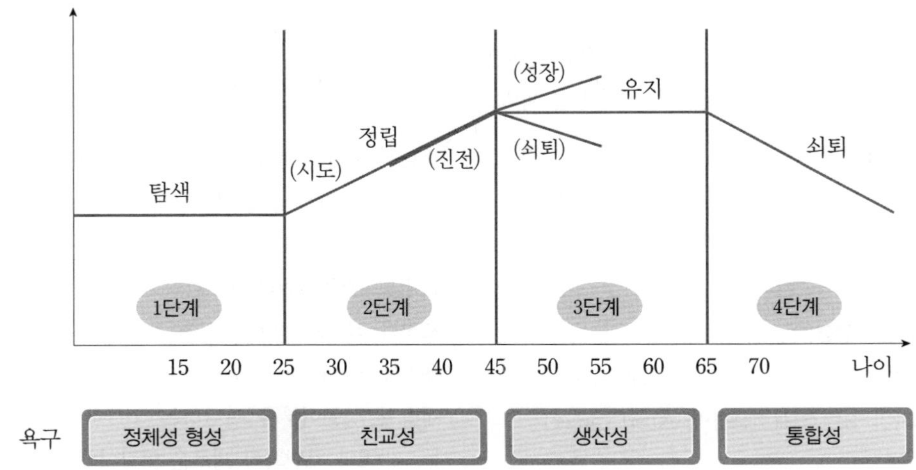

③ 경력정체의 관리방안

a. 개인적 원인에 의한 경력정체의 관리방안

ⅰ. 직무재설계

허쯔버그의 2요인 이론, 직무특성이론

ⅱ. 경력관리 프로그램(CDP, career development program)의 개선

종업원의 성장욕구를 충족

b. 조직적 원인에 의한 경력정체의 관리방안

ⅰ. 성장전략의 개선

기업의 규모 확대와 수익 창출에 도움이 되는 성장전략의 수립

ⅱ. 이중경력제도(또는 진로선택제도)의 도입

조직경력경로를 이중화

ⅲ. 직능자격제도의 도입

자격승진을 실시

5) 경력관리의 평가

경력성과(career performance)의 검토, 경력태도(career attitude)의 검토, 조직 내 협동시스템을 구축하는데 어느 정도 기여했는지 평가, 미래 인력 확보 및 배치의 유연성에 어느 정도 기여

그림 4-11 경력정체 인력의 유형

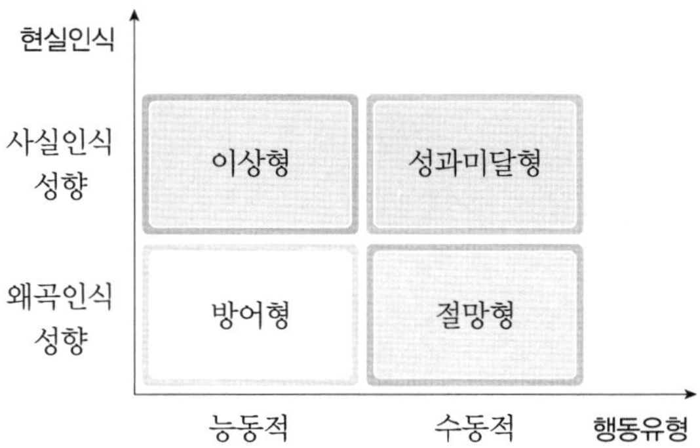

CHAPTER 5 평가관리

단원개요

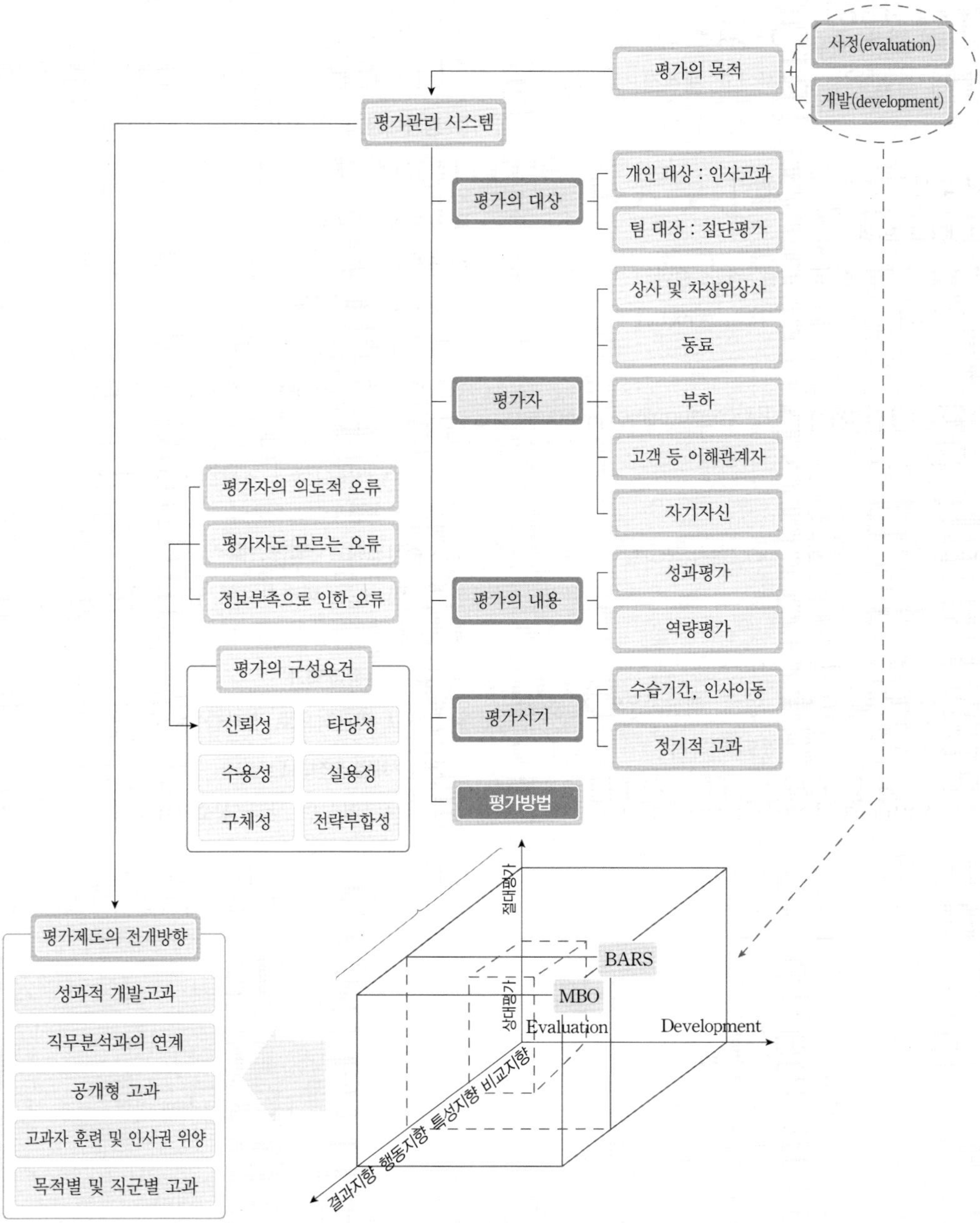
평가의 목적
사정(evaluation)
개발(development)
평가관리 시스템
평가의 대상
개인 대상 : 인사고과
팀 대상 : 집단평가
평가자
상사 및 차상위상사
동료
부하
고객 등 이해관계자
자기자신
평가의 내용
성과평가
역량평가
평가시기
수습기간, 인사이동
정기적 고과
평가방법
평가자의 의도적 오류
평가자도 모르는 오류
정보부족으로 인한 오류
평가의 구성요건
신뢰성
타당성
수용성
실용성
구체성
전략부합성
평가제도의 전개방향
성과적 개발고과
직무분석과의 연계
공개형 고과
고과자 훈련 및 인사권 위양
목적별 및 직군별 고과
절대평가
상대평가
BARS
MBO
Evaluation
Development
결과지향 행동지향 특성지향 비교지향

제1절

평가관리의 일반이론

HUMAN RESOURCE MANAGEMENT

| 1 | 평가관리의 의의

1) 평가관리의 개념과 중요성

개인과 팀의 평가, 종업원의 능력과 태도 및 업적을 조직효과성의 관점에서 정기적이고 체계적으로 검토 · 분석

2) 평가의 최근 경향 : 성과관리

① 등장배경 및 의의

동기부여의 수단, 목표달성을 위한 종합적인 통제의 한 과정, 성과관리(performance management)

② 절차

성과측정요소의 규명, 인사고과(performance appraisal)의 수행, 성과피드백

③ 구성요소

특성(attribute), 행위(behavior), 결과(result)

3) 인사평가의 목적

① 전략적 목적(administrative purpose)

조직목표와 전략적 방향에 연계, 핵심직무와 활동들을 개인과 팀이 잘 수행할 수 있도록 독려

② 관리적 목적(administrative/evaluating purpose)

인사관리시스템의 한 하위요소로서 평가관리가 갖는 피드백 루프(feedback loop) 기능, 인사기능의 타당성을 측정 · 검토

③ 개발적 목적(developmental purpose)

인적자원개발을 위한 계획활동으로서의 역할

4) 인사평가시스템의 구성

① 평가대상

인사고과(performance appraisal), 집단평가, 조직평가

② 평가내용과 평가방법

특성, 행동, 업무성과

③ 평가자(고과자)

a. 평가자의 역할

ⅰ. 평가피드백의 제공

통제적 측면, 정보적 측면,
인지평가이론(cognitive evaluation theory)

ⅱ. 평가목표의 수립

평가자는 피평가자의 성과목표 및 추진계획을 피평가자와 함께 수립

ⅲ. 지속적 소통과 면밀한 관찰

지속적인 소통, 피평가자의 업무수행과정과 결과를 면밀히 기록

ⅳ. 공정한 측정과 평가

공정하고 객관적으로 평가를 실시

b. 평가주체별 장점과 단점

직속 상사, 차상위 상사, 동료 · 부하, 자기 스스로, 외부 이해관계자(고객)

그림 5-1 성과관리 모델

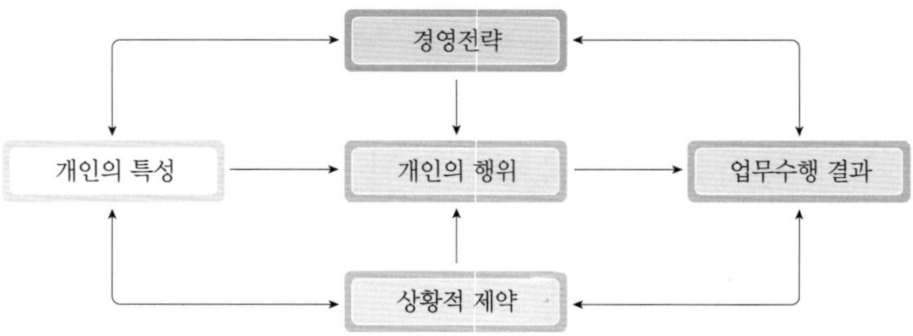

ⅰ. 상사에 의한 평가

피평가자의 현재능력과 작업행동 및 성과에 대해서는 관찰과 업무지시를 통해 많은 양의 정보, 피평가자의 잠재능력 및 적성에 대해서는 해당직무와 관련이 있는 범위 이외에는 알기가 쉽지 않음

ⅱ. 동료에 의한 평가

직무태도를 가장 정확하게 평가, 능력이나 성과를 판단하기는 어렵다는 한계

ⅲ. 부하직원에 의한 평가

상사의 리더십에 대한 정보를 구체적으로 확인, 상사에 대한 평가점수가 비정상적으로 높게 나올 수 있고, 인기관리에만 치중

ⅳ. 자기 자신에 의한 평가

평가내용 대부분에 관하여 가장 정확한 정보를 갖고 있음, 사실보다 과장되게 평가, 부정적 결과에 대해서는 외부 환경의 탓

ⅴ. 기타 평가주체

외부전문가, 고객

④ 평가시기

각종 의사결정을 할 때

|2| 평가의 구성요건

1) 신뢰성(reliability)과 평가오류

① 신뢰성의 의의

측정하고자 하는 내용이 얼마나 정확하고 제대로 일관성 있게 측정되었는지

② 평가오류의 내용

a. 평가자의 의도적인 주관적 평가

ⅰ. 항상오류(constant error)

평가자의 개인적 성향에 근거하여 항상 규칙적으로 발생하는 오류, 관대화 경향(leniency tendency), 가혹화 경향(harsh tendency), 중심화 경향(central tendency)

ⅱ. 상동오류(stereotyping)

특정한 유형(종교, 성별, 인종, 지역 등)에 대해 가지고 있는 편견에 근거하여 발생하는 오류

ⅲ. 균형효과(balance effect, 평균화 오류)

평가자가 개별적인 피평가자의 역량이나 실적보다는 전체 피평가자 집단에서의 균형을 유지하려고 하는 오류

ⅳ. 연공오류(seniority error)

피평가자의 연공적 속성인 연령, 학력, 근속연수가 평가결과에 영향을 미치는 것

그림 5-2 항상오류

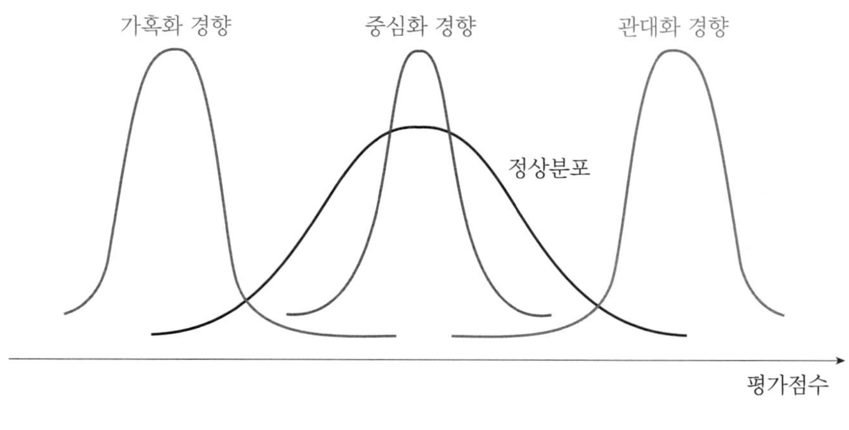

b. 평가자 자신이 인지하지 못하는 오류

ⅰ. 후광효과(halo effect)

평가자가 피평가자의 어느 한 특징으로 전체를 평가해 버리는 경향

ⅱ. 시간적 오류(recency effect)

상대적으로 최근에 겪은 사건이나 항목에 대한 기억이 그렇지 않은 기억보다 더 쉽게 평가자의 입장에서 활용될 수 있음을 의미

ⅲ. 최초효과(primary effect)

평가에서 처음으로 인지한 정보나 행동이 이후의 평가에 지속적으로 영향

ⅳ. 상관편견(correlational bias)

평가자가 여러 평가항목들의 의미를 정확히 인지하지 못하여 항목간 평가점수를 유사하거나 동일하게 책정

ⅴ. 대비오류(contrast error)

특정한 피평가자가 순서상 다음에 평가되는 피평가자의 평가에 영향을 미치는 경우

ⅵ. 유사성 오류(similar-to-me error)

평가자 자신이 스스로와 가치관, 행동, 태도, 속성 등이 비슷한 평가대상에게 더 후하거나 더 박한 평가를 하는 것

c. 정보의 부족으로 인한 오류

ⅰ. 중심화 경향

피평가자나 평가기준에 대한 지식이 부족할 경우

ⅱ. 귀인과정오류(error of attribution process)

피평가자의 행동 원인을 잘못 판단하는 오류

ⅲ. 2차 평가자 오류

차상위상사는 실제 직원이나 팀에 대한 업무내용 및 성과에 대한 인지범위의 한계

③ 평가오류의 극복방안

평가자에게 훈련을 제공, 평가자가 제대로 평가를 하는지를 평가

a. 오류유형별 극복방안

ⅰ. 평가자의 의도적인 주관적 평가의 극복

평가자의 의도가 상대적으로 덜 개입할 수 있는 평가방법을 사용하도록 유도

ⅱ. 평가자 자신이 인지하지 못하는 오류의 극복

평가자에 대한 교육(rater training)

ⅲ. 정보부족으로 인한 오류의 극복

평가자가 필요로 하는 정보가 충분히 제공, 평가자가 인지가능한 만큼의 평가범위를 설정

b. 평가자 훈련

ⅰ. RET(rater error training)

평가자가 관대화, 가혹화, 중심화 등의 오류에 빠지지 않도록 일깨우는 훈련

ⅱ. FOR(frame-of-reference) training

평가자들에게 본보기로 삼을 수 있는 평가실례를 제시하는 교육훈련

ⅲ. 정보처리접근(information processing approach)

평가자가 가진 인지적 한계를 효과적으로 극복할 수 있도록 돕는 훈련

c. 평가자에 대한 피드백 제공

평가 자체를 평가

④ 신뢰성의 증진방안

a. 평가오류감소를 위한 상대평가와 절대평가의 적절한 사용

평가목적에 따라 상대평가와 절대평가를 알맞게 선택·배합

b. 평가결과의 공개

평가결과를 피평가자에게 피드백

c. 다면평가

여러 사람이 평가하여 최고점과 최하점을 뺀 나머지 점수를 합산

d. 평가자 교육

각종 오류의 원인을 교육

2) 타당성(validity)

① 타당성의 의의

평가내용(평가항목 및 기준)이 평가의 목적을 얼마나 잘 반영하고 있는지를 의미

② 평가에서의 타당성 이슈

평가목적과 무관한 부분(오염, contamination), 평가목적과의 관련성이 크지만 미처 수집되지 못한 정보(결핍, deficiency)

③ 타당성의 증진방안

a. 목적별로 평가

목적에 맞는 요소를 찾아내어 이를 평가

b. 평가집단의 세분화

직종별, 직급별로 세분화하여 각 집단에 알맞은 차별화된 평가요소를 적용

3) 수용성(acceptability)

① 수용성의 의의

평가제도에 대해 구성원들이 이를 합당한 것으로 받아들이고 정당한 제도라 믿으며, 평가의 공정성과 그 활용목적에 대해 전적으로 신뢰하는 것

② 수용성의 증진방안

a. 구성원들의 적극적 참여

평가요소를 선정할 때나 평가방식을 만들 때에도 구성원들을 참여

b. 평가상담제도의 시행

평가상담제도, 상담일정, 피드백을 준비, 피드백 수행

c. 평가에 대한 교육훈련

구성원들이 이해하지 못하는 부분이나 새로운 제도는 교육을 통해 설명, 평가자들을 훈련시켜 오류가 발생하지 못하도록 함

d. 능력개발형 평가

정보제공 및 지원(support) 목적

4) 실용성(practicability)

① 실용성의 의의

평가제도의 도입 및 운영 비용보다 그로 인해 얻는 효익이 더 큰 것

② 실용성의 증진방안

a. 적절한 투자

평가의 목적과 기업의 상황을 고려하여 적절한 수준에서 평가비용을 투자

b. 평가의 변별력

능력자와 무능력자, 우수자와 비우수자를 구별

c. 쉽고 짧은 평가

누구나 이해하고 평가할 수 있도록 해야 하며 평가에 소요되는 시간도 적절

5) 전략적 부합성(strategic congruence)

평가제도가 조직의 전략과 목표 그리고 조직문화에 적합한 업무성과를 이끌어 내도록 이루어지는 것

6) 구체성(specificity)

구체적으로 어떻게 해야 할지에 대해 알려주는 정도

그림 5-3 오염과 결핍

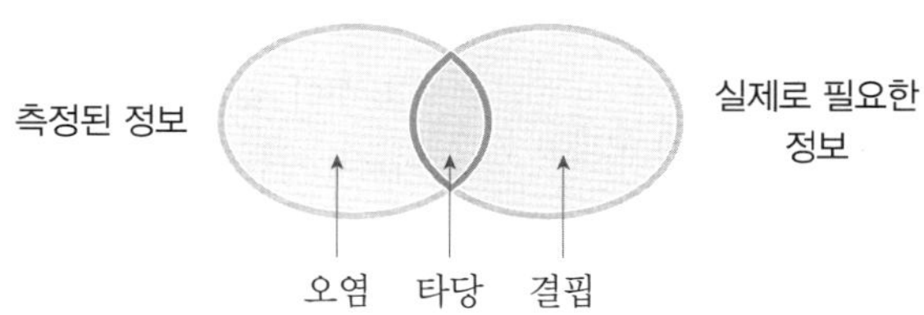

제2절
인사고과

|1| 인사고과의 의의와 유형

1) 인사고과의 의의

종업원 개인의 능력, 태도, 행동 및 업적을 평가하여 그가 보유하고 있는 현재 또는 잠재적 유용성(usefulness, 활용가치)을 체계적으로 파악

2) 고과방법의 분류

① 평가방법에 따른 구분 : 상대평가 vs. 절대평가

a. 상대평가와 절대평가의 개념과 특징

i. 상대평가의 개념과 특징

비교접근(comparative approach), 항상오류를 원천적으로 방지, 상위자의 선별에 용이, 구성원의 실력 수준을 정확히 알기 어렵고 저성과자에게 피드백을 주기 위한 평가의 구체성이 결여

ii. 절대평가의 개념과 특징

각 개인의 성과나 역량 자체를 평가하여 관리하는 방식, 치열하게 경쟁할 필요가 상대평가를 실시할 때보다 적음, 평가가 자의적으로 이루어진다는 구성원들의 불만, 승진대상자 등을 선별하는 과정에서 사용하기에는 부적절, 항상오류가 발생 가능

iii. 상대평가와 절대평가의 비교

절대평가에서는 사전에 정립된 평가기준을 활용하게 되므로 분포를 가정할 필요가 없음, 팀워크와 팀화합에 유리, 상대평가의 가장 큰 목적은 우수자 선별, 상대평가에서는 평가시스템에 대한 수용도가 낮음, 상대평가에서는 특정인의 평가결과를 조정할 경우 타인이 영향, 절대평가에서는 특정인의 평가결과 변경이 나 자신의 평가에 영향을 미치지 않음

② 평가목적에 따른 구분

사정(evaluation)형 고과, 개발형(development) 고과

③ 평가초점에 따른 구분

비교지향 접근법, 특성지향 접근법, 행위지향 접근법, 결과지향 접근법

|2| 인사고과의 실제

1) 비교지향 접근법

신뢰성과 실용성 측면의 이점, 타당성과 수용성 및 구체성 측면의 단점

① 서열법(ranking method)

a. 개념과 유형

직접적 서열법(straight ranking),
상호적 서열법(alternate ranking, 교대서열법),
짝 비교법(paired comparison, 쌍대비교법)

b. 특징

고과대상자가 비교적 소수일 때 적합, 동종 직무에 종사하는 종업원을 대상으로만 활용, 등수의 간격과 업적 내지는 성과의 간격이 불일치, 기준이 모호하여 설득력이 부족, 비교로 인한 구성원 불만의 가능성

② 강제할당법(forced distribution method)

a. 개념

정해진 특정 분포(예 정규분포)에 따라 서열을 정하는 방법

b. 특징

평가의 결정 기준과 성과판단의 기준이 모호, 타당성과 수용성 측면의 단점, 평가피드백의 구체성 측면에서도 문제가 발생, 조정상의 애로, 피드백의 구체성이 떨어짐

2) 특성지향 접근법

① 체크리스트법(adjective checklist, 대조표법)

리스트에 기재한 뒤 고과자가 이를 읽고 체크, 신뢰성과 타당성이 높으며, 각종 평가오류(예 후광효과 등)로부터 비교적 자유롭다는 장점, 실용성 측면의 문제

② **강제선택기술법**(forced-choice description)

둘 중 하나를 선택하게끔 되어 있는 쌍으로 된 복수의 서술문항들로 구성된 고과기법, 타당성과 신뢰성 측면에서 매우 우수, 수용성의 문제, 실용성 측면의 단점

③ **평정척도법**(rating scale)

고과대상의 특성이나 직무행동을 '평가요소'와 '달성도'라는 두 가지 기준에 의하여 평가하는 방식, 평가요소(구성요소), 달성도, 고과목적에 잘 부합되는 구성요소가 선정될 때 평가의 타당성을 높일 수 있음, 실용성 낮음, 신뢰성의 문제

3) 행위지향 접근법

피평가자가 업무수행과정에서 실제로 보이는 행동을 기준으로 평가하는 방법, 평가의 객관성과 공정성, 신뢰성(특히 평가자간 신뢰성)을 높일 수 있음, 높은 수준의 타당도, 수용성 측면에서도 양호, 시간과 비용을 많이 투자해야함(낮은 실용성), 피평가자의 다른 행동을 고려하거나 회상하기 어려움

① **주요사건기록법**(critical incidents method, 중요사건법)

피평가자의 효과적 또는 비효과적 행동이나 업적을 기록해 둔 다음 평가시점에 이 내용을 반영, 실용성이 높고, 신뢰성도 높지만, 타당성이 낮아질 수 있음, 수용성 측면에서도 의문

② **행위기준고과법**(BARS, Behaviorally Anchored Rating Scale)

a. 의의

평정척도법과 주요사건기술법을 혼용하여, 평가직무에 직접적으로 적용되는 행동묘사문을 핵심성공요인(Critical Success Factor)과 관련된 여러 행동범주에 포함시켜 구성하는 표준평정척도법

b. BARS 개발절차

대표 직원들을 선발, 바람직한 행동과 바람직하지 않은 행동을 충분히 적시, 동일 범주에 속하는 행동들을 묶는 작업, 최종적인 범주와 행동들을 확정, 행동을 등급화(점수화), 피평가자에 대한 행동등급을 부여

c. 특징

다양하고 구체적인 직무에 적용이 가능, 업무개선 효과, 목표관리의 일환, 구성원의 참여가 독려

d. 평가구성요건상의 검토

신뢰성 측면의 이점, 수용성과 구체성 측면에서도 양호, 타당성 측면의 효과는 양면적, 실용성상의 문제

③ **행위관찰고과법**(BOS, Behavior Observation Scale)

a. 개념

평가의 기준점인 구체적 행동서술문항에 대해 피고과자가 관련행동을 수행한 빈도를 고과자가 측정

b. BARS와의 공통점

그림 5-4 정규분포를 활용한 강제할당법

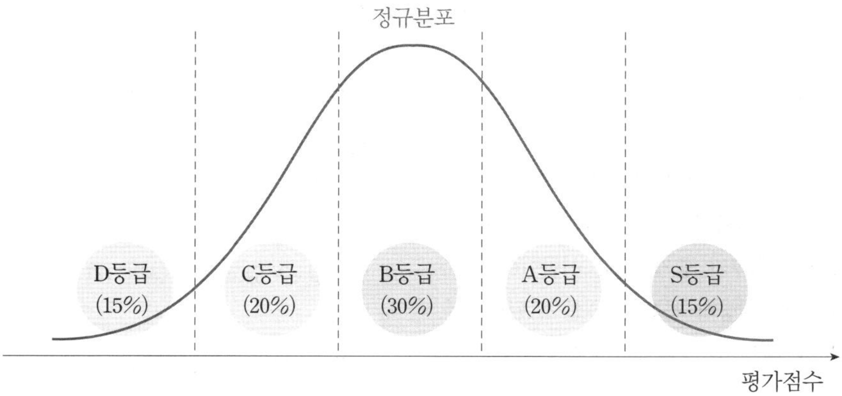

성과와 직무수행행동 간의 연관성, 조직상황을 잘 반영하는 평가지문, 평가요소의 적절성

c. BARS와의 차이점

빈도측정을 통한 평가문항간 상호배타성의 극복, 아직 수행하지 않은 행동에 대해서도 평가 가능, 평가실무 적용상의 용이함

④ 평가센터법(Human Assessment Center)

승진대상이나 선발대상자들을 특정한 장소에 모아놓고 문제해결이나 상황대처능력 등을 관찰하는 전문적 평가기법, 승진의사결정에 사용될 경우 타당성이 매우 높지만, 신뢰성(측정의 정확도)이 높아질 수 있음, 수용성이 낮고, 실용성도 낮은 편

4) 결과지향 접근법

① 목표관리법(MBO, management by objective)

a. 개념

드러커(Drucker)와 맥그리거(McGregor), 기간 내에 달성할 특정 목표를 평가자와 피평가자의 합의에 의해 설정하고, 그 기간이 종료된 후에 목표를 양적, 질적으로 달성하였는지 평가

b. 실행절차

직무의 범위와 핵심활동을 파악, 상·하급자가 성과측정의 기준을 공동으로 개발, 구체적, 측정가능, 달성가능, 결과와의 관련성, 시간 내 성취, 수시로 중간목표 달성여부 및 근무여건 변화를 점검

c. 평가구성요건상의 검토

상사의 주관적 편견을 최소화, 임금의 측면에서 살펴본다면 매우 높은 타당성, 수용성이 비교적 높음, 상당한 행정적 비용이 수반

d. 장점과 단점

노력을 목표달성에 집중, 조직의 목표와 개인의 목표를 연계, 성과관리의 도구, 구성원이 참여, 동기부여, 경영환경이 급변, 행정적인 업무가 증가, 당장 시급한(또는 측정이 가능한) 업무적·계량적 목표가 우선시, 담합행동, 비정형적인 업무가 많아 업무계획을 세우기 어려운 조직

e. 성공조건

성과측정법에 대한 결정, 높은 수준의 몰입과 능력, 민주적인 분위기 하에서 상호 간 충분한 협의, 목표가 명시적, 객관적이며 측정가능

② 기타

5) 종합적 평가

① 균형성과표(BSC)와 논리모형(logic model)을 활용한 평가

조직성과의 종합적 평가

② 에세이법(essay or narrative method)

개방형식(open−ended format)으로 종업원의 성과나 특성 또는 직무행동에 대해 기술

③ 자기고과법(self-evaluation)

피고과자가 자신의 특성, 업적, 능력, 희망사항 등을 기술하거나 평가

④ 360° 다면평가

a. 개념과 등장배경

상사를 포함한 본인과 동료, 하급자와 외부이해관계자(고객이나 공급자 등)에 의해서 이루어지는 평가 및 피드백

b. 목적

인적자원의 개발을 꾀하려는 목적

c. 평가자의 구성 및 선정

상황요인에 따라 평가자의 구성을 달리하여 운영

d. 평가결과의 피드백

평가대상들의 평균과 비교한 자료를 통해 최대한 구체적으로 피드백, 개별적으로 통보

e. 장점과 단점

평가의 신뢰성 증가, 구성원 평가능력의 향상, 조직 내 소통 활성화, 평가자의 인적구성에 따라 평가결과가 크게 달라질 수 있고, 조직분위기가 저해, 피평가자의 수용성 저하

f. 효과적 관리방안 : 평가의 책임성(accountability) 확보

피고과자를 잘 아는 사람에 의해서 책임감 있는 평가, 자신의 리더십이나 업무수행능력을 한 단계 업그레이드 시킬 수 있는 계기, 피드백이 원활히 이루어질 수 있도록 협조

3 인사고과의 전개방향

1) 성과적 개발고과

현대적 고과기법은 능력개발을 위한 고과, 다면평가, 객관적이고 구체적인 종업원의 능력과 업적에 집중, 절대평가와 가점주의를 지향, 잘하는 점에 대한 인정(recognition), 평가결과를 가급적 공개

2) 직무분석과의 연계

직무수행과 관련이 있는 자격요건이나 특성에 대한 평가

3) 역량평가의 강화

① 역량의 개념과 역량평가

우수한 성과를 내는 사람들이 보통의 사람들과 다르게 보여주는 특성 및 태도나 행동, 동기(motives), 특성(trait, 성격 포함), 자아개념(self-concept), 지식(knowledge), 기술(skill)

② 역량의 특징

관찰 가능한 행동 또는 활동으로 나타나는 개인의 행동특성, 성과 차이를 유발하는 결정적 요소, 특정한 목표 및 상황과 연관되어 있는 개념, 교육훈련 및 개발을 통해서 향상

③ 역량중심 인사평가시스템의 구축방안

a. 사전준비(CSF와 KPI의 도출)

고성과자의 행동특성을 모아서 분류하고 정리

b. 역량의 파악 및 정리

조직차원, 직무차원, 개인차원에서 필요로 하는 역량의 구체적 내용을 파악하여 정리,
역량사전(competency dictionary)

c. 평가의 실시

보유역량과 필요역량 간의 차이(gap)를 발견, 1 : 1 역할연기, 1 : 2 역할연기, 인바스켓 훈련, 집단토론

d. 역량개발계획의 작성

역량격차를 줄여나가기 위한 구체적인 교육훈련 및 학습의 계획

④ 역량과 조직성과의 향상

역량평가의 제도적 강화, 행동변화를 유도, 조직효과성

⑤ 핵심성공요인

구성원들의 적극적 참여, 최고경영진의 지원, 교육훈련 및 승진과 경력관리시스템(CDP) 등과의 체계적 연계

표 5-1 전통적 고과와 현대적 고과

구분	전통적 고과(evaluation)	현대적 고과(assessment)
왜	사정형, 상벌, 감독	능력개발, 강약점 발견
누가	상사중심, 단면평가	본인참여, 다면평가
무엇을	성격, 인물(포괄적이고 추상적)	업적, 능력(객관적이고 구체적)
어떻게	상대평가, 감점주의	절대평가, 가점주의
언제	정기적 평가, 연 1회	수시평가
피드백	비공개	공개
기준	과거 중심(did)	미래 중심(can)

4) 공개형 고과

수용성, 공개의 방법, 공개시의 장점, 공개시의 단점

5) 고과자의 훈련과 인사권의 위양

고과자에 대한 교육훈련, 인사권을 일선라인부서에 어느 정도 위양

6) 목적별 및 대상별 고과

목적별로 상이한 수단을 활용

제3절 집단평가

| 1 | 집단평가의 의의와 대상

1) 의의

작업집단, 팀(team), 집단평가

2) 대상

집단역량(능력 및 태도), 집단성과(성취 및 업적)

| 2 | 집단평가의 실제

1) 평가단위

라인부문, 목적별 책임센터, 스탭부문, 기능별 책임센터

2) 집단평가의 과정

목표를 설정, 핵심성과지표(KPI, key performance indicator)를 개발, 목표수준의 설정, 가중치를 설정, 평가를 실시하고 그 결과를 활용

3) 집단성과평가

계량지표, 비계량지표

4) 집단역량평가

집단능력(group ability), 집단응집성(cohesiveness)

그림 5-5 평가관리의 전개방향

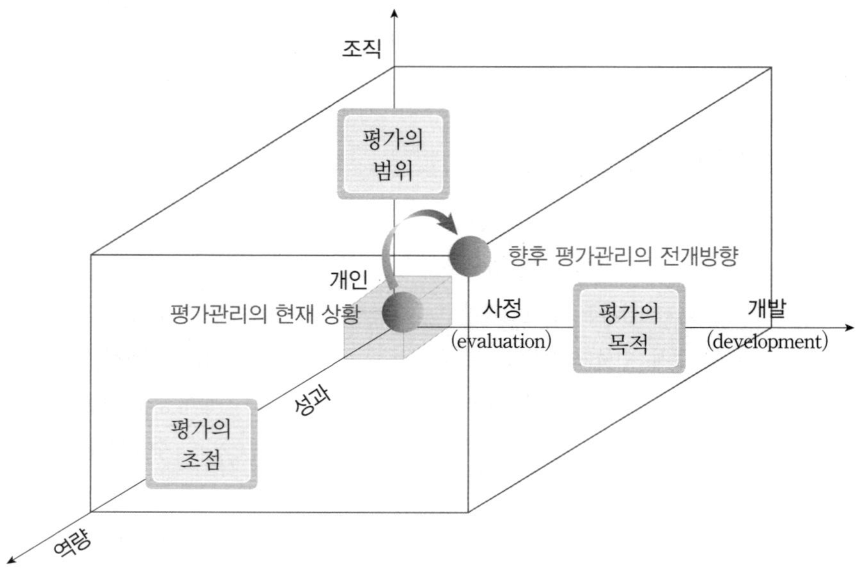

|3| 집단평가의 전개방향

1) 장기적 과정지향평가

단기적인 집단성과평가에서 장기적인 집단능력평가로의 전환

2) 집단고과와 개인고과의 결합

① 개인고과를 통한 무임승차의 방지

개인평가 없이 팀 고과만 이루어진다면 팀 내부에서 사회적 태만(social loafing)이나 무임승차(free-riding)의 문제가 발생

② 집단평가를 통한 담합행위의 감소

집단평가를 개인평가와 결합하여 동시에 사용하게 되며, 구성원들이 의도적으로 자신의 목표치를 낮게 잡는 기회주의적 담합행동을 방지

HUMAN RESOURCE MANAGEMENT

심화학습

균형성과표의 기원과 의의

카플란과 노튼(Kaplan & Norton)에 의해 개발된 표, 전통적인 재무지표와 기업의 핵심성공요인과 관련한 제반 운영상의 지표들을 의미있게 결합

BSC의 네 가지 관점

재무적 측면, 기업의 주요 이해 관계자들에게 재무적인 지표를 통해 조직의 성과를 보여주기 위한 것, 이익이나 매출액, 또는 투자수익률(return on Investment, ROI) 등의 회계학적 측정치들을 사용하여 평가, 고객 측면, 고객을 파악해내고, 이들을 위한 고객 지향적 프로세스를 만들어 나가는 것, 고객만족도나 재구매율, 고객충성도 등의 척도로 평가, 내부 프로세스 측면, 성과를 극대화하기 위해 기업의 핵심 프로세스 및 핵심 역량을 규명하는 과정, 주문 이행률이나 주문당 비용, 리드 타임(lead time) 등으로 평가, 학습 및 성장 측면, 지속적 가치개선과 비전달성을 위해 필요한 학습과 성장능력을 어떻게 유지시켜 나갈 것인가, 내부적 프로세스를 개선하기 위하여 기울이는 노력이나 이직률, 직무만족도, 조직몰입도 등으로 평가

BSC 평가의 기대효과

전략실행에 대한 모니터링 역할, 사업 포트폴리오 최적화, 조직운영체계의 혁신, 각 사업단위에 대한 목표할당, 전사적 자원관리, 협력적 조직문화의 활성화

CHAPTER 6
보상관리

단원개요

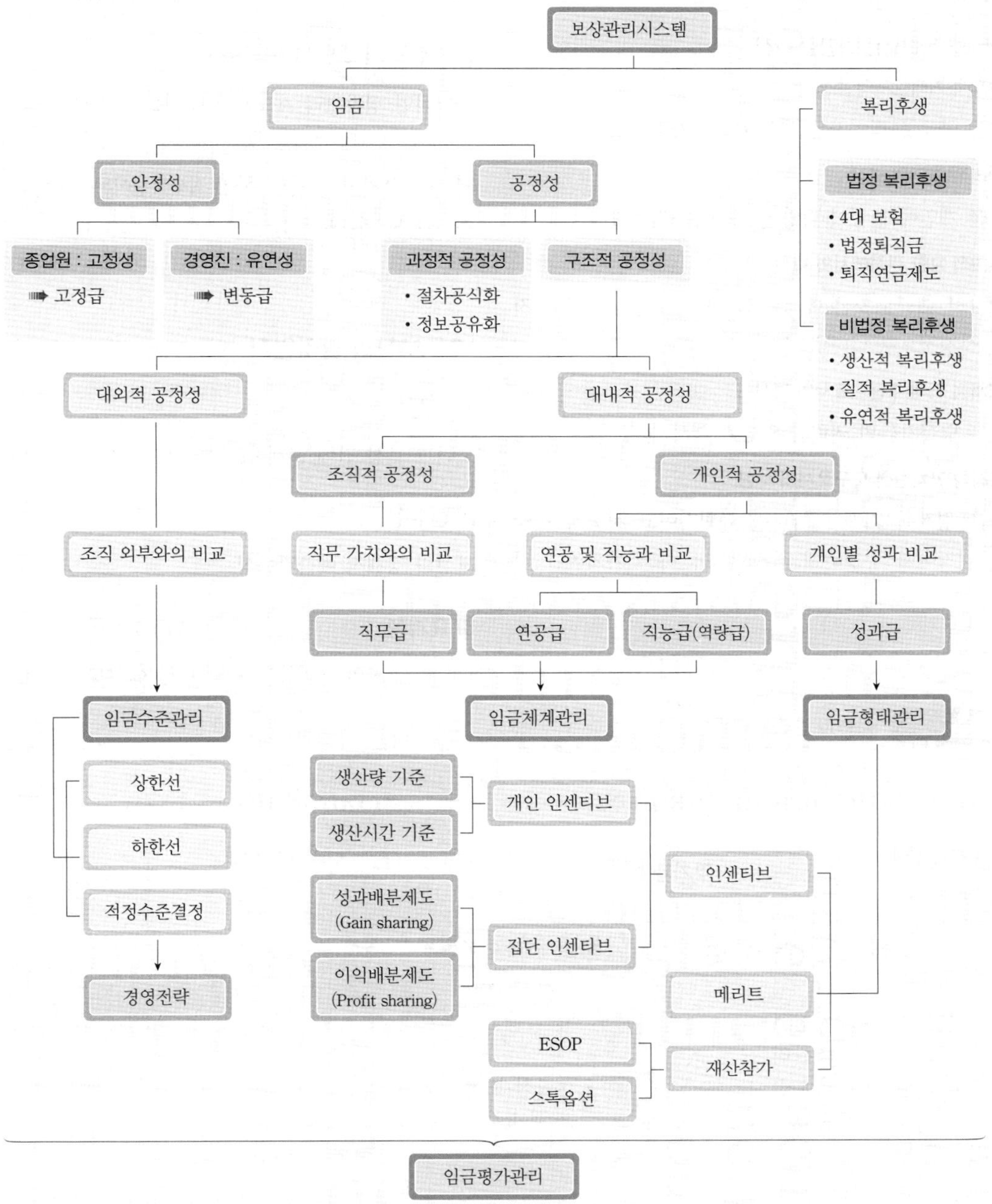

보상관리시스템
임금
복리후생
안정성
공정성
종업원 : 고정성
➡ 고정급
경영진 : 유연성
➡ 변동급
과정적 공정성
• 절차공식화
• 정보공유화
구조적 공정성
법정 복리후생
• 4대 보험
• 법정퇴직금
• 퇴직연금제도
비법정 복리후생
• 생산적 복리후생
• 질적 복리후생
• 유연적 복리후생
대외적 공정성
대내적 공정성
조직적 공정성
개인적 공정성
조직 외부와의 비교
직무 가치와의 비교
연공 및 직능과 비교
개인별 성과 비교
직무급
연공급
직능급(역량급)
성과급
임금수준관리
임금체계관리
임금형태관리
상한선
하한선
적정수준결정
경영전략
생산량 기준
생산시간 기준
개인 인센티브
성과배분제도 (Gain sharing)
이익배분제도 (Profit sharing)
집단 인센티브
인센티브
메리트
ESOP
스톡옵션
재산참가
임금평가관리

제1절 HUMAN RESOURCE MANAGEMENT

보상관리의 의의와 체계

|1| 보상관리의 의의

1) 보상과 보상관리의 개념

① 보상을 바라보는 다양한 관점

a. 경제적 거래로서의 보상

보상은 곧 노동력이라는 생산요소의 가격(price)

b. 심리적 측면의 보상

보상은 개인에게 있어 다양한 욕구충족의 수단

c. 사회적 교환 관점에서의 보상

오늘날의 대규모 사회에서는 보상이 사실상 개인의 지위를 상징적으로 나타내 줌

d. 정치적 거래 수단으로서의 보상

보상은 당사자들의 권력과 영향력 행사의 결과

e. 윤리적 가치실현 도구로서의 보상

보상은 경제적 거래가 아니라 규범적이고 사회적인 당위의 시각에서 공정하게 결정되어야 하는 가치판단 결과

② 경제적·거래적 관점에서의 보상

보상(compensation)은 종업원이 노동(기여 또는 공헌, contribution)의 대가로 기업측으로부터 수령하는 일체의 금전적 및 비금전적 대가(급부, return), 직접적 보상인 임금과 간접적 보상인 복리후생, 총보상(total compensation), 보상관리(compensation management)

2) 보상관리와 인사기능관리

합리적인 평가관리 제도가 필수적으로 요청, 보상관리는 개발 및 유지관리와도 밀접한 상관, 직무 그 자체가 동기부여 요인이 되기도 하며(직무특성이론) 보상의 기준이 되기도 함(직무급)

|2| 보상의 관리원칙

1) 공정성

노력과 보상 간에 존재하는 합리적 상관성

2) 안정성

보상의 경제적 예측가능성

3) 효과성

보상이 조직의 성과창출과 목표달성에 기여하는 정도

그림 6-1 공헌과 대가의 관계

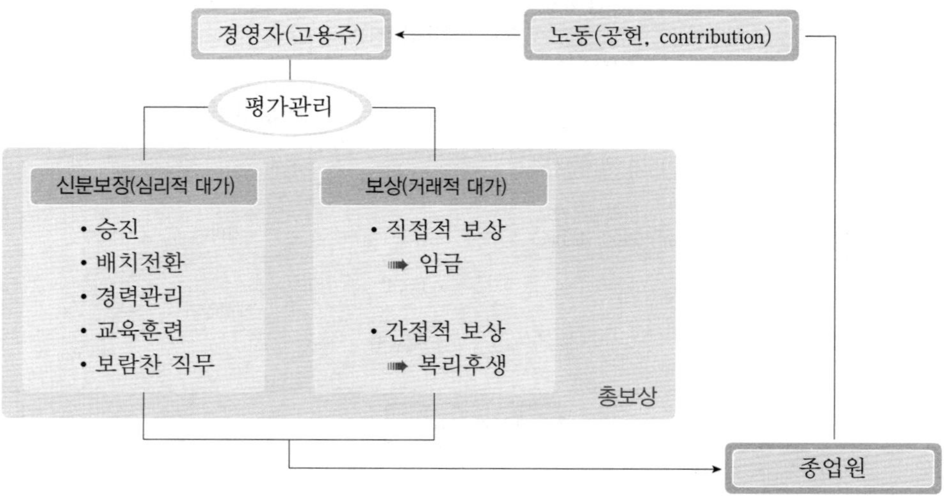

4) 평등성

보상지급의 결과가 유사한 정도

5) 필요성

조직구성원과 그 가족이 필요로 하는 만큼 보상을 지급하는 원칙

제2절 임금관리

HUMAN RESOURCE MANAGEMENT

|1| 임금관리의 의의와 대상

1) 임금관리의 의의와 중요성

① 의의

임금(pay, salary or wage)은 종업원이 조직에 제공한 노동에 대한 금전적 대가이자 직접적 보상

② 중요성

생산성에 가장 큰 영향, 재화나 용역의 경쟁력을 결정, 우수한 인적자원을 확보하는 데 결정적 역할, 생리적 · 안전 · 존경 욕구를 충족, 삶의 질(quality of life)을 유지 · 향상

2) 임금관리의 주요 원칙

① 임금과 공정성

공정성이란 노동의 투입에 대한 반대급부로서 종업원과 사용자 모두가 동의할 수 있는 정도의 임금대우가 제공됨을 의미

a. 구조적 공정성

아담스(Adams)의 공정성 이론(equity theory), 자원의 합리적 분배 기준이 비교대상(준거, referent)과 자신의 투입−산출 간 비교, 대외적 공정성, 외부조직의 유사한 직무를 수행하는 사람들이 받는 임금액과 비교해서 거의 동일한 수준의 임금을 받는다고 지각할 때의 공정성, 임금수준(pay level)관리의 지침, 조직적 공정성, 동일조직 내에서 상이한 직무를 담당하고 있는 종업원들이 받고 있는 임금에 초점을 둔 공정성, 개인적 공정성, 연공, 공헌, 성과수준 등과 같은 개인적 차이에 따른 임금격차에 의해 지각된 공정성

그림 6-2 임금공정성의 관리

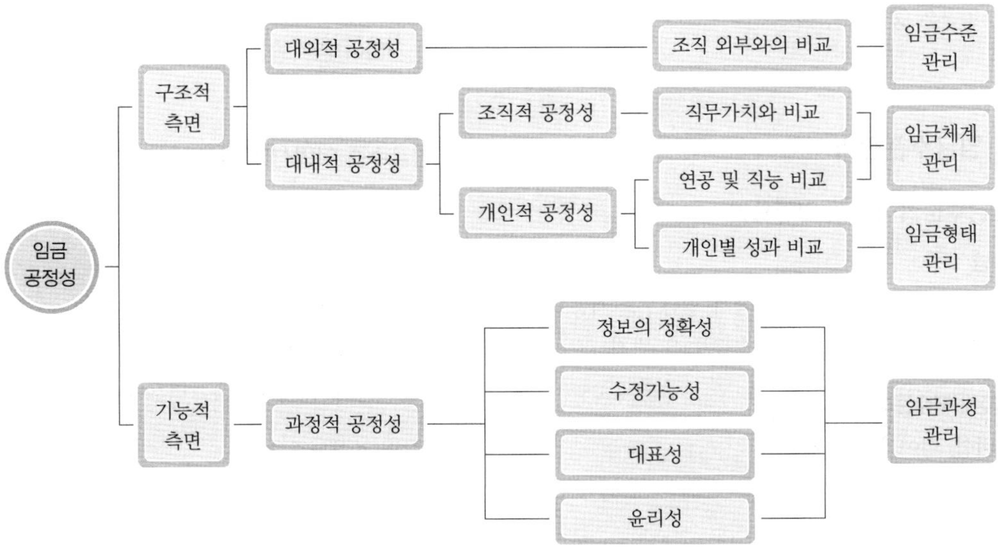

b. 과정적 공정성

결과를 결정하는 데 사용되는 과정에 있어서의 공정성, 레벤탈(Leventhal), 정보의 정확성(accuracy of information), 수정가능성(correctability), 대표성(representativeness), 도덕성(ethicality)

② 임금과 안정성

종업원과 사용자 모두가 어느 정도 예측가능한 선에서 생활을 영위할 수 있도록 임금관리가 이루어지는 것

③ 임금과 효과성 : 동기부여와 조직효과성 증대

효율성 임금 이론(efficient wage theory), 동기부여,
조직효과성 증대

a. 아담스(Adams)의 공정성이론(equity theory)

불공정이 지각된다면 이를 줄이기 위한 노력을 기울이게 됨

b. 브룸(Vroom)의 기대이론(expectancy theory)

'수단성 지각(instrumentality perception)'이 임금의 동기부여적 기능의 핵심

c. 대리인 이론(agency theory)

대리인 비용(agency cost), 노력과 보상 간에 강한 연결고리, 도덕적 해이(moral hazard)

d. 강화이론(reinforcement theory)

노력을 기울이려는 동기의 크기나 빈도를 변화시키는 과정, 임금은 긍정적 강화 수단

| 2 | 임금수준관리

1) 임금수준의 개념과 영향요인

① 개념

대외적 공정성을 가지는 범위에서 임금수준(사용자에 의하여 지급되는 평균임금)의 총액(규모)을 결정

② 적정임금수준에 관한 견해

생존비설, 잉여가치설, 계약설

③ 영향요인

대외적 요인(사회일반의 임금수준, 생계비, 물가, 정부정책 등), 대내적 요인(기업규모, 경영전략, 노동조합, 지불능력 등)

2) 임금수준 상한선의 결정

기업의 지불능력, 생산성, 수익성

① 생산성 기준의 분석

투입요소 대비 산출량

a. 물적 생산성

기업의 총고용량 대비 생산된 재화와 용역의 비율이 어느 정도로 변화하였는지에 따라 임금수준을 변동

b. 부가가치 생산성

매출액에서 제조원가를 차감한 부가가치(value added)를 총고용량에 대비하여 분석함으로써 임금수준을 변동시키는 기준, 노동분배율

② 수익성 기준의 분석

지출비용에 대한 수익의 비율

a. 손익분기점

총수익과 총비용이 일치하는 수준(즉, 기업의 예상매출액이 인건비를 포함한 제반비용의 합계와 같은 지점)에서의 매출량

b. 원가구성

해당 기업의 과거 자료를 근거로 인건비가 총 원가에서 차지하는 비율을 산정

3) 임금수준 하한선의 결정

종업원의 생계비, 생계비의 산정기준,
생애주기(life cycle), 정부정책

① 생계비의 산정기준

실제생계비(실태생계비), 이론생계비,
전물량방식(market basket), 반물량방식(Engel method)

② 종업원의 생애주기

종업원의 연령별 세대모형(family cycle)

③ 정부의 정책 : 최저임금제도

a. 의의

임금의 하한선을 정하고 사용자에게 이 수준 이상을 지급하도록 법으로 강제하는 제도, 법정임금, 노동시장에서의 자율적인 기능(사적 자치의 원리)에 의한 임금결정원리를 사회정책적인 관점에서 제약을 가해 수정한 사회적 제도

b. 제도의 국내외 연혁

오늘날에는 ILO 가입국 다수가 최저임금제를 실시, 우리나라는 비교적 늦은 1986년 말에 최저임금법이 제정

c. 도입목적과 기대효과

사회정책적인 빈곤퇴치, 생산성의 향상 노력을 자극, 기업 간의 공정한 경쟁을 유도, 노사분쟁을 방지,
유효수요(effective demand)를 창출

d. 역기능

실업을 유발, 노무비의 인상, 부담은 결국 소비자에게 돌아가게 됨

4) 적정 임금수준의 결정

① 지배임금률

a. 개념

동일 지역, 유사 산업, 동일 직무를 수행하는 노동자가 평균적으로 수령하는 임금수준, 임금의 사회적 균형

b. 도출과정

ⅰ. 시장임금조사(market pay survey)

① 핵심직무의 선정, ② 비교대상 조직의 선정,
③ 1 · 2차 자료의 수집, ④ 자료들의 해석 및 적용

ⅱ. 시장임금선(market pay line)의 도출

임금집단(임금의 구간)별로 지배임률을 파악하여 배치한 선

② 경영전략

a. 선도전략과 그 효과

ⅰ. 의의

경쟁기업보다 더 높은 수준의 임금을 지급하는 고임금 전략

ⅱ. 효과

유능하고 생산성이 높은 종업원을 유인하고 유지, 결근율과 이직률을 감소, 직무가 가지는 매력적이지 못한 특성도 상쇄

b. 동행전략과 그 효과

ⅰ. 의의

경쟁기업과 유사한 수준의 임금을 책정하여 대외적 공정성을 실현하고자 하는 전략

ⅱ. 효과

구성원이 임금 이슈로 인하여 이탈하는 가능성을 줄이는 장점, 현재의 경영상황을 유지

그림 6-3 임금체계의 세부내용

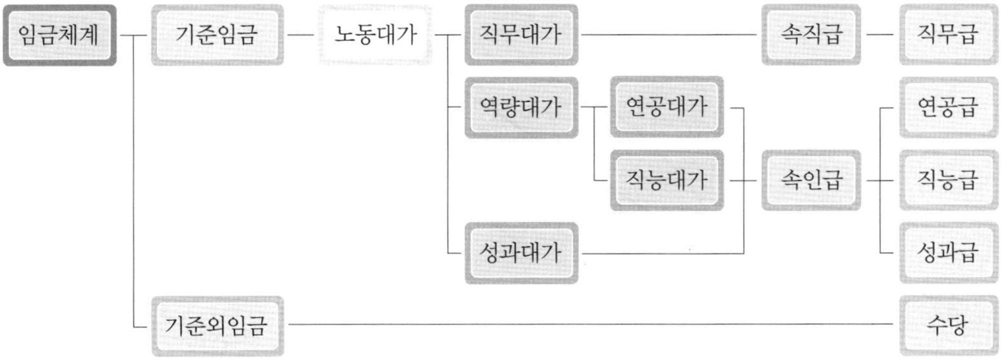

c. 추종전략과 그 효과

ⅰ. 의의

경쟁기업의 임금수준보다 낮은 임금을 지급하는 저임금 전략

ⅱ. 효과

외부노동시장의 인적자원을 유인하기에는 부적절, 임금 외의 다른 요인들(예 총보상에 포함될 수 있는 직무특성이나 직업의 성장가능성)에 의해 동기부여가 가능할 때 사용하는 것이 바람직 함

3 임금체계관리

1) 의의와 목적

① 의의

임금을 구성하는 지급항목들에 대한 결정기준과 임금격차(pay difference)의 구조에 대한 관리

② 구분

직무급, 연공급, 직능급, 성과급

③ 목적

임금격차, 임금공정성을 확보하고, 동기부여, 안정적 소득확보, 조직효과성 증대

2) 연공급

① 의의

개인의 학력과 연령 등을 고려하여 근속연수에 따라 임금을 결정하는 임금체계유형, 속인급

② 전제조건 및 기본가정

숙련상승설, 생계비 보장설, 평가시스템이 미약

③ 구성

호봉승급(號俸昇給), 베이스업(base-up)

④ 형태

a. 정액승급형(직선형)

승급액은 일정한 반면 승급률은 체감

b. 체증승급형(요(凹)형)

승급률은 일정한 반면 승급액은 체증

c. 체감승급형(철(凸)형)

승급률이 체감하는 동시에 승급액도 체감

d. 절충형(S자형)

승급률이 일정하게 유지되다가 체감하는 동시에 승급액은 체증 후 체감

⑤ 연공급의 특징

a. 장점

동양적 조직풍토, 노사관계 안정화, 충성심과 귀속의식을 증가, 직무분석이 어려운 폐쇄적 노동시장에서도 적용이

그림 6-4 연공급의 제 형태

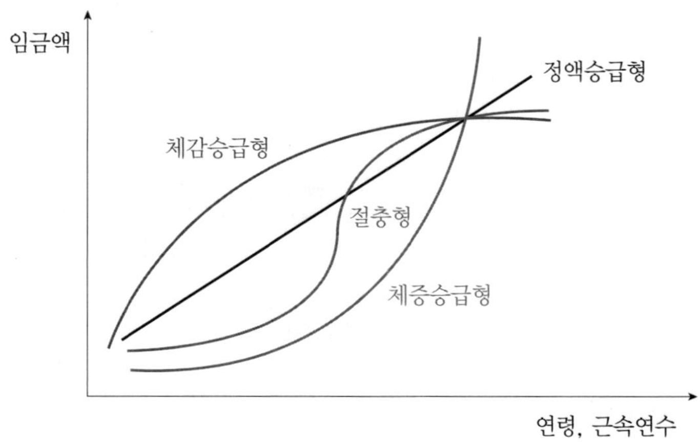

가능, 상위직 종사자들의 만족도 증진

b. 단점

동일노동에 대한 동일임금의 지급이 어려워짐, 인건비 부담이 가중, 전문기술인력의 확보에 애로, 젊은 층의 사기가 저하, 종속적이고 소극적인 직무태도를 야기

⑥ 연공급의 퇴조와 능력주의의 모색

구성원 동기부여 기능의 미약, 차별적 보상의 어려움, 저성장 추세에 따른 인건비 부담 증가, 기술혁신에 따른 숙련상승설의 타당성 감소

⑦ 임금피크제도

a. 개념

일정 연령을 기준으로 생산성과 임금을 연계

b. 도입배경

인건비 부담의 경감, 생산성과 임금 간의 연계성을 강화, 외부적 충격을 극복

c. 유형

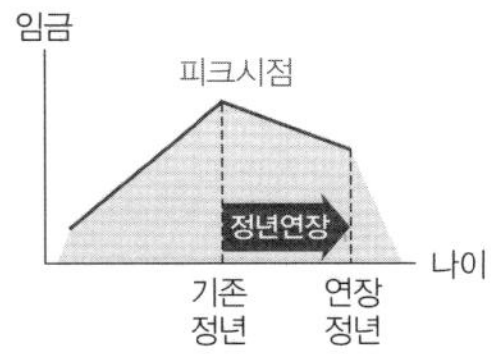

• 정년연장형 : 특정시점을 임금피크로 하여 이후 임금을 삭감하는 대신 정년을 넘겨 더 근무하게 하는 방식

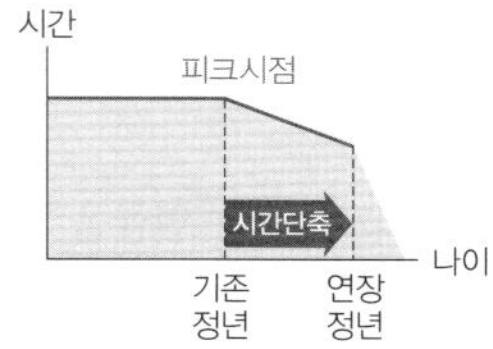

• 근로시간단축형 : 기존의 정년을 연장하면서 일정시점(피크시점)부터 소정근로시간을 조정

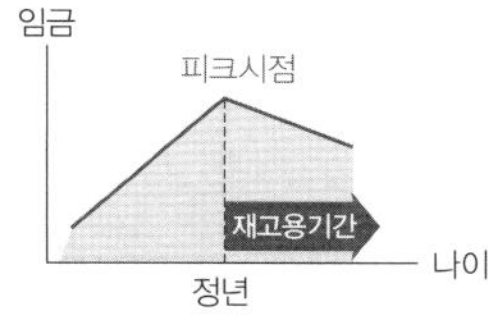

• 재고용형(고용연장형) : 퇴직한 후 재고용계약을 체결

d. 효과

해고 회피, 계속근로 가능, 인건비부담 감소, 노사갈등 감소

3) 직무급

① 의의

각 직무의 상대적 가치에 따라 임금이 결정되는 임금체계유형, 동일노동에 대하여 동일임금이 지급, 직무분석과 직무평가의 신뢰성과 타당성이 필수적으로 요청

② 전제조건 및 핵심성공요인(CSF)

직무의 표준화와 직무가치의 객관적인 평가, 직무구조와 능력구조가 균형, 합리적인 노사관행(=동일노동 동일임금)이 뿌리내리고 있어야 함, 노동시장의 유연성이 확보

그림 6-5 직무급의 형태

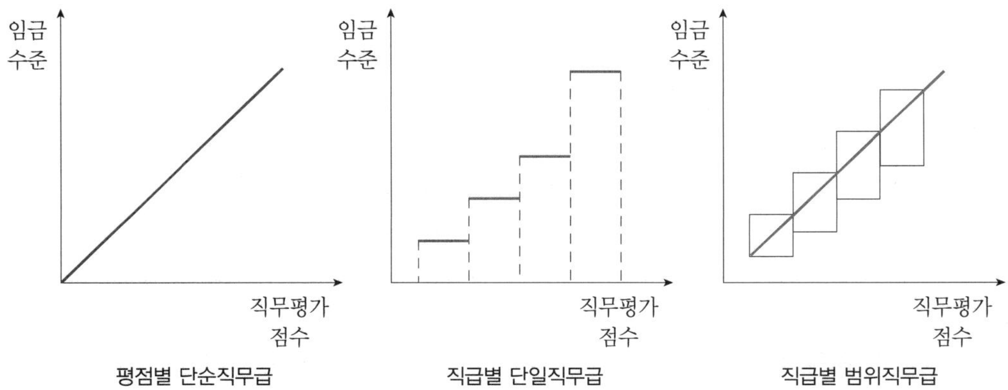

③ 형태

a. 평점별 단순직무급

직무평가에서 도출된 개별 직무들의 점수와 임금을 비례

b. 직급별 단일직무급

직무평가 점수의 구간별로 임금을 지급

c. 직급별 범위직무급

직무평가 점수의 구간별 임금제에 개인별 업적이나 연공을 보완, 브로드밴딩(Broadbanding, 광대역화)

④ 직무급의 특징

인사관리의 합리화, 노동생산성과 작업능률을 향상, 절차가 복잡, 학력이나 연공중심의 풍토에서 오는 저항, 가족주의적 공동체 지향문화와 충돌

⑤ 직무급의 대안으로서 직능급(역량급)

경영환경에 따라 수시로 인재들을 이동시켜야 하는데 경직적인 직무급 체계가 그러한 이동에 장애

4) 직능급과 역량급

① 의의

종업원의 직무수행능력에 초점을 두어 그 가치에 대응하는 임금을 설정하는 임금체계유형, 직무수행능력이란 현재 보유하고 있는 능력뿐만 아니라 향후 발휘가능한 잠재능력까지 포함, 일정 시간의 투입이 필수적, 역량급(competency-based pay), 기술급

② 도입배경

기술환경의 변화, 역할과 역량으로 직무개념을 대체

③ 전제조건 : 직능자격제도

각 직종(예 관리직, 생산직, 사무직 등)별로 직무수행에 필요한 핵심역량을 분류하고 이를 등급화하여 승격, 승진 및 임금(직능급)의 결정에 활용하는 제도, 자격승격(직능자격등급의 상승)과 직위승진(직책의 상승)을 분리 운영

④ 직능급의 유형

a. 단일형 직능급과 병존형 직능급

b. 단일임금률 직능급과 범위임금률 직능급

⑤ 직능급과 역량급의 특징

a. 장점

근로의욕을 고취시키고 자기개발에의 의지도 북돋워줄 수 있고, 노동력의 유연성이 증가, 지속적인 학습과 개선, 경력개발의 일환

b. 단점

형식적인 자격기준에만 치우쳐 실제 경영활동에 필요한 핵심역량을 소홀히 다룰 여지, 경쟁의 격화, 역량의 정의가 모호할 경우 임금공정성이 침해, 타당성과 신뢰성을 검증하기도 쉽지 않고, 역량 진부화 시에는 무용한 임금제도

⑥ 직능급과 직무급의 비교

직능급에서는 능력에 상응하는 임금 지급이 가능, 직무평가절차를 거칠 필요가 없어 직무평가작업을 할 여유가 없는 중소기업에서도 그 적용이 용이, 임금과 능력의 불일치로 인한 문제가 발생할 가능성이 상당히 적음, 우리나라에서 임금체계를 직무급보다는 직능급으로 전환하는 것이 훨씬 용이

5) 수당

여러 임금체계 유형들이 추구하는 임금공정성을 부분적으로 보완, 법정수당, 법정외수당

6) 임금격차의 관리

① 임금격차의 유형 : 평등구조와 계층구조

평등구조, 계층구조

② 임금압축(pay compression)

상급자와 하급자, 연장자와 신참자, 고학력자와 저학력자 사이에 존재하는 임금격차의 크기가 적어지는 현상

③ 우리나라의 임금격차

a. 학력별 임금격차

2000년 이후 최근에는 학력별 상대적 임금격차가 다시 심화되는 추세

b. 소득계층별 임금격차

임금근로자의 근로소득격차는 OECD 주요국들 중에서 미국이 가장 크고 그 다음으로 한국이 큰 것으로 나타남

c. 성별 임금격차

한국은 통계를 보고한 OECD 주요국 중에서 성별 임금 차이가 가장 큰 국가

d. 기업규모별 임금격차

2016년에는 대규모 사업장의 임금이 161 정도로 나타나 기업규모별 임금격차가 증가

e. 근로형태별 임금격차

기간제근로자 임금은 정규직 임금에 70% 수준, 파견/용역근로자의 임금은 57% 수준, 단시간근로자의 임금은 30% 수준

표 6-1 성과급의 체계와 구성

<table>
<tr><th>구분</th><th>응집성</th><th>성과 추적 용이성</th><th>동기 부여</th><th>평가의 수용성과 정확성</th><th>객관적 업적을 기준으로 지급되는 성과급
(Results-based pay-for-performance)</th><th>주관적 업적을 기준으로 지급되는 성과급
(Behaviors-based pay-for-performance)</th></tr>
<tr><td>개인단위의 성과급
(Individual pay-for-performance)</td><td rowspan="3"></td><td rowspan="3"></td><td rowspan="3"></td><td rowspan="3"></td><td>개인 인센티브
<table><tr><th></th><th>일정시간당 생산단위</th><th>제품단위당 소요시간</th></tr><tr><td>고정 임률</td><td>단순성과급
(생산량비례급)</td><td>표준시간급</td></tr><tr><td>변동 임률</td><td>복률성과급
• 테일러식
• 메리크식</td><td>할증성과급
• 할시식
• 비도우식
• 로완식
• 간트식</td></tr></table></td><td>메리트 제도
(연봉제)</td></tr>
<tr><td rowspan="2">집단단위의 성과급
(Collective pay-for-performance)</td><td>집단 인센티브(성과참가)
• 성과배분계획(gain sharing)
– 스캔론 플랜
– 럭커 플랜
– 임프로쉐어 플랜
– 커스토마이즈드 플랜
– 프렌치 시스템
• 이익배분계획(profit sharing)</td><td>집단별 메리트 제도</td></tr>
<tr><td colspan="2">재산참가
• 종업원지주제(Employee Stock Ownership Plan)
• 스톡옵션(stock option)</td></tr>
</table>

|4| 임금형태관리

1) 임금형태관리의 일반이론

① 의의와 목적

개인의 성과와 공헌에 따른 차등임금지급에 필요한 산정방식과 계산 · 지불방식을 관리하는 임금관리의 구조적 측면

② 임금형태의 유형

시간급(time payment), 성과급

③ 성과급의 체계와 구성

객관적 업적, 주관적 업적, 개인단위의 성과급, 집단단위의 성과급

④ 성과급의 효과

인센티브 효과(incentive effect),
구성 효과(sorting effect)

⑤ 성과급의 설계시 고려사항

표준성과(성과급 지급의 기준)의 설계, 성과의 측정, 합리적인 성과급 제도의 선택

2) 인센티브 제도

종업원 개인 또는 집단의 소득이 생산량 또는 작업성과와 직접적인 관계를 갖도록 설계된 임금형태

① 개인 인센티브

a. 개념 및 유형구분 기준

임률, 시간단위당 생산량, 제품단위당 소요시간, 고정임

그림 6-6 복률성과급의 유형

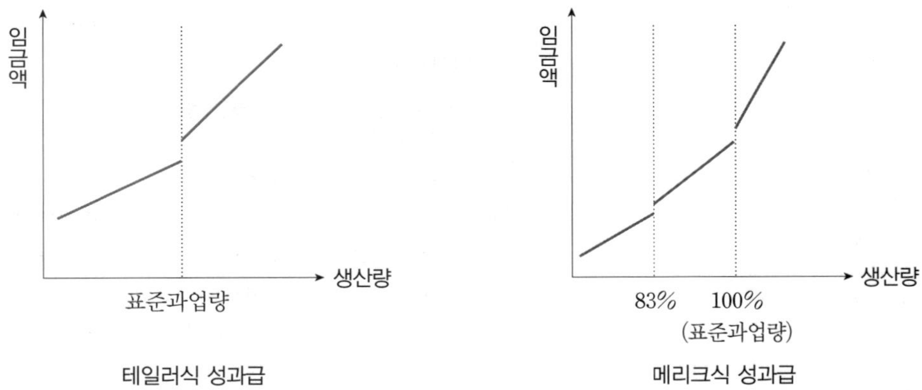

그림 6-7 할증성과급의 유형

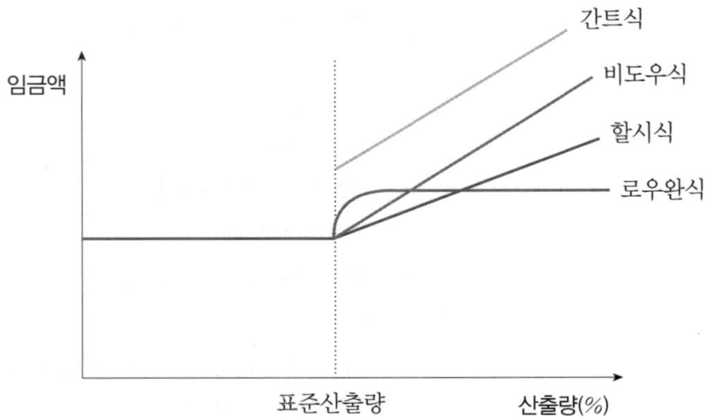

률, 변동임률

b. 단순성과급(생산량 기준, 고정임률)

제품단위당 임률에 실제 작업량을 곱하여 급여를 산정

c. 표준시간급(소요시간 기준, 고정임률)

단위시간당 임률에 표준작업시간을 곱하여 임금을 산출

d. 복률성과급(생산량 기준, 변동임률)

생산단위를 기준으로 하여 복수의 임률을 적용, 테일러(Taylor)식 복률성과급, 메리크(Merrick)식 복률성과급

e. 할증성과급(소요시간 기준, 변동임률)

소요시간을 기준으로 하여 복수의 임률을 적용, 할시(Halsey)식 할증성과급, 비도우(Bedaux)식 할증성과급, 로우완(Rowan)식 할증성과급, 간트(Gantt)식 할증성과급

f. 개인 인센티브의 장점과 단점

생산성의 향상, 인건비 감소, 감독비용의 감소, 품질 문제, 신기술의 도입에 종업원들이 저항, 특출한 성과를 보이는 종업원이 조직 내에서 소외

② 집단 인센티브

a. 개념 및 고려사항

성과참가(이익을 포함한 각종 경영성과의 배분에 종업원을 참여), 경영성과를 바로 무엇으로 볼 것인가, 업적치, 수익치, 이익치

b. 성과배분계획(gain sharing plan)

업적치와 수익치 중심의 성과배분계획은 노무비를 포함한 각종 원가절감에의 노력에 대한 대가로 주어지는 성과참가의 한 유형

ⅰ. 스캔론 플랜(Scanlon plan)

노사협력에 의한 생산성 향상에 대한 대가를 매출액 기준으로 지불, 공개적 집단제안제도, 인건비의 감축정도가 성과배분의 기준, 시장판매가치(SVOP), 표준노무비율, 실제 노무비 지출규모를 SVOP 대비 표준노무비(예상노무비)와 비교, 종업원의 공헌과 상여금의 연결고리가 강하며, 동기부여 효과가 큼, 매달 상여금의 지급이 가능, 경영관리의 목적이 비용절감이 아니라 품질향상에 있다면 스캔론플랜의 실시에 신중

ⅱ. 럭커 플랜(Rucker plan)

노사협력에 의한 생산성 향상에 대한 대가를 부가가치의 평균초과규모로 지불, 생산가치(production value, 생산부가가치)의 증대를 목표로 한 노사협력체계, 임금상수(labor's share of production), 초과부가가치, 시장상황을 반영, 합리적 제도, 품질이슈가 해소, 품질에 관심이 있는 경영자라면 스캔론 플랜보다 럭커 플랜의 시행이 더 큰 이점

ⅲ. 임프로셰어 플랜(improshare plan)

단위당 소요되는 표준노동시간과 실제노동시간을 비교하여 절약된 노동시간만큼에 해당하는 시간당 임률을 노사가 각각 1 : 1로 배분

ⅳ. 프렌치 시스템

노무비를 포함한 모든 제반비용을 줄이는 것을 목표, 3년 전, 2년 전, 1년 전, 그리고 올해의 보너스 금액에 각각 10%, 15%, 25%, 50%를 곱하여 올해의 최종 보너스 금액을 산정

표 6-2 성과배분계획 제도의 비교

	스캔론 플랜	락커 플랜	임프로셰어 플랜
참여도	제안위원회 or 작업팀	락커위원회	훌륭한 아이디어의 제안 및 활용
보너스의 기준	매출액(SVOP) 대비 인건비 비율	부가가치 대비 인건비 비율	표준작업시간과 비교한 절약작업시간
목표	노무비 감소 ➠ 품질문제 발생 가능	노무비 감소 ➠ 품질문제 해결	직 · 간접적 근로시간 감축

c. 이익배분계획(profit sharing plan)

ⅰ. 개념

사전에 설정된 수준을 초과하는 이익이 발생하였을 때 이를 종업원에게 배분

ⅱ. 목적

종업원과 기업 간의 운명공동체 의식을 고취, 낮은 이직률과 높은 성과수준의 자극, 노력과 창의적 상상력의 촉진, 경제적 안정의 도모

ⅲ. 유형

현금분배계획, 현시점에서의 이익을 정해진 배분기간에 따라 지급, 이연지급계획, 사전에 규정된 사건(퇴직, 사망, 고용관계의 단절 등)이 발생했을 경우 사전에 설정한 규칙에 따라 이익을 배분, 혼합배분계획, 현금분배와 이연지급을 혼합한 제도로서 미래의 급부와 현재의 보상을 결합

ⅳ. 이익산정의 기준

순이익 기준, 이익창출에 기여한 주주, 경영자, 종업원 모두가 순이익(net profit)을 나누는 것, 배분가능이익 기준, 순이익에서 자본가에게 자기자본의 최저 은행이자율에 해당하는 금액을 일단 먼저 배분하고 남은 금액을 사측과 종업원측이 나누는 것

ⅴ. 장점

조직몰입도와 기업성과에 긍정적인 영향, 기업은 종업원의 경제적 안정을 실현, 노력과 창의적 상상력

ⅵ. 단점

종업원의 공헌 시기와 보상의 시기가 괴리됨에 따라 동기부여 효과가 적음, 이익배분의 과정에서는 무임승차(free-riding)가 발생

d. 집단 인센티브의 장점과 단점

보상의 유연성, 안정성, 협력적 동기유발, 집단응집성(group cohesiveness), 무임승차(free-riding), 열심히 일하는 직원들의 불만, 구성원 개인이 통제할 수 없는 요인, 제도에 대한 이해도가 낮음

3) 메리트 제도

① 의의

조직의 성과향상에 대한 개인의 기여도를 주관적 기준(주로 행동과 전문성 및 기술수준 등)에 근거하여 측정하고 보상하는 제도, 연단위로 이루어지는 승급제도의 운영이 그 핵심

② 특징

인사고과에서의 점수를 활용한 승급의사결정

③ 승급원리

개인의 성과, 임금구조상에서 개인의 기본급이 차지하는 위치

④ 승급방식

자동승급방식, 업적승급방식, 절충승급방식

⑤ 연봉제

a. 의의

평가연동형 임금결정방식, 메리트 제도의 변형된 한 형태

b. 도입 배경

조직의 생산성 향상과 경쟁력 강화를 도모, 업무와 조직인적구성의 다양화, 임금관리의 간소화를 도모

c. 특성

변동급, 구성원과 회사 간의 개별고용협약(idiosyncratic

표 6-3 평가등급 및 임금등급에서의 위치별 승급 적용률

기본급 위치	S등급	A등급	B등급	C등급	D등급
중간점(median) 이상	150%×0.5	125%×0.5	100%×0.5	75%×0.5	50%×0.5
중간점(median) 주변	150%×0.8	125%×0.8	100%×0.8	75%×0.8	50%×0.8
중간점(median) 이하	150%	125%	100%	75%	50%

deal)에 의해 결정, 임금체계 및 임금관리를 단순화

d. 유형

ⅰ. 연봉임금의 구성방식에 따른 분류

총액연봉제, 부분연봉제

ⅱ. 연봉임금의 인상방식에 따른 분류

기본연봉에 대해서는 누적식을, 업적연봉에 대해서는 비누적식을 적용, 누적연봉제(positive-sum 방식), 비누적연봉제(zero-sum 방식)

e. 장점과 단점

우수한 핵심인재의 확보를 용이, 복잡한 임금체계와 지급구조를 단순화, 불필요한 경쟁심을 조장, 평가의 객관성과 공정성, 예스맨의 등장, 근시안적 시각의 확산

f. 효과적인 실시방안

조직문화 개선, 평가시스템의 개선, 업무 성격에 따라 차등적 도입이 필요, 서서히 업적연봉의 비중을 늘려나가는 방식이 적합

4) 재산참가제도

① 의의

기업재산(대개 자본금을 의미함)의 소유에 종업원이 참여

② 재산참가의 주요 유형

종업원지주제, 일반 종업원을 대상, 스톡옵션제, 임원이나 경영진을 대상

a. 종업원지주제(ESOP, employee stock ownership plan)

ⅰ. 의의와 특징

기업이 특별한 조건으로 종업원에게 주식의 일부를 분배하여 주는 인센티브제도, 종업원의 조직몰입도와 자부심을 높여주는 효과적인 방법

ⅱ. 우리나라에서 종업원지주제의 전개과정

우리사주제, 근로자가 자기회사의 주식 일부 혹은 전부를 소유하도록 회사와 정부가 지원하는 제도

ⅲ. 종업원지주제 운영상의 문제점

자사주 보유의 비활성화, 종업원 재산의 변동성이 증가, 비상장기업에서의 적용에 애로

ⅳ. 신우리사주제의 내용과 효과

근로자복지기본법, 종전 제도에 비해 성과배분형·이윤공유형 시스템, 비상장/비등록기업 근로자의 복지향상을 위하여 기능, 직원에겐 가격하락에 따른 손실발생 가능성이 없고, 인재확보나 경영권 안정에 도움

b. 스톡옵션제(stock option, 주식매입선택권제)

ⅰ. 개념

일정량의 자사 주식을 일정한 기간 내에 사전에 약정된 가격(=행사가격)으로 일정한 수량까지 매수할 수 있는 권리, 주식매입선택권

ⅱ. 목적

창의적이고 우수한 인재의 유치, 대리인 문제의 극복, 조직구성원들의 동기부여

ⅲ. 유형

- 인센티브 스톡옵션(incentive stock option) : 세제상의 우대조치가 인정
- 주식평가보상권(stock appreciation rights) : 자사주의 시장가격 상승액을 보상으로 받을 수 있는 권리

ⅳ. 긍정적 기대효과

종업원(특히 관리자나 경영자)의 동기를 증진, 주식 연동

표 6-4 종업원지주제와 스톡옵션제의 비교

구분	종업원지주제(ESOP)	스톡옵션제(주식매입선택권제)
목 적	종업원의 재산형성 지원	동기부여 + 대리인 문제 극복
대 상	임원을 제외한 종업원	임원을 포함한 종업원
성 격	집단 인센티브	개인 인센티브
주식취득 방법	우리사주조합을 결성한 후 취득 장기근속자 및 저소득자 우대	회사와 임직원 간 개별약정에 따라 옵션 부여 일정기간 경과 후 옵션의 행사 가능

형 장기 인센티브, 우수인력의 확보와 노사관계의 개선 효과, 기업의 감시체계를 보완하는 동시에 대리인 문제를 극복

ⅴ. 잠재적 문제점

기존 주주나 채권자의 이익침해, 인재유출, 경영자의 위험부담이 없는 경우, 경영자들이 단기 성과에 집착

5) 성과급의 한계

① 일반적 한계

제품 품질의 희생, 노사 간의 마찰, 안정적 소득을 기대하기 힘들며, 종업원들의 건강을 해칠 우려, 종업원들의 협동관계와 신뢰감을 저해

② 한국적 한계

성과급 제도 자체에 대한 구성원의 이해 수준이 그다지 높지 않고, 성과급 실시의 전제가 되는 성과평가 자체가 합리적으로 시행되지 못하는 경우가 많고, 인화와 평등을 지향하는 조직문화 때문에 성과급 제도를 불편하게 생각하는 구성원들이 있음

6) 성과급의 한계를 극복하는 방안

① 개인성과급과 집단성과급의 조화(유연성 관점)

개인과 집단의 성과를 적절하게 조합하는 평가제도를 설계

② 상황요건의 고려(전략적 인사관리 관점)

구성원이 처한 상황요건을 보상지급에서 고려

③ 성과평가 공정성의 제고

지속적인 리더 훈련과 함께 투명하고 공정한 평가시스템의 개발

④ 총보상 관점의 접근

비금전적 보상을 강화하여 총보상의 관점에서 접근할 필요

7) 성과급 제도의 종합적 비교

| 5 | 임금평가관리

1) 의의

기업이 임금공정성을 확보하기 위해 취한 제반 조치들이 얼마나 효과적이었는가를 측정하는 활동

2) 평가대상

배분적 측면에서의 대외적 · 대내적 공정성과 절차적 측면에서의 과정적 공정성

3) 평가기준

① 기업의 관점 : 객관적 측면

유능한 인력을 확보, 동기부여

표 6-5 종업원 대상의 성과급 제도 비교

	인센티브의 강도	구성 효과의 강도	협업 독려	근시안적 시각의 극복	기업지불 능력과의 연동	종업원 간 관계
개인 인센티브	좋음	좋음	나쁨	나쁨	없음	나쁨
메리트 제도	중간	중간	중간	중간	없음	중간
성과배분계획	중간[a]	중간[a]	좋음	좋음	상황에 따라 다름	중립적[b]
이익배분계획	나쁨[a]	나쁨	좋음	좋음	있음	중립적[b]
재산참가	나쁨[a]	나쁨	좋음	좋음	있음	중립적[b]

a. 집단이 소수로 구성되면 인센티브 강도가 좋아질 수 있음
b. 위험(risk)이 따른다면 그 효과는 부정적으로 바뀔 수 있음

② 종업원의 관점 : 주관적 측면

공헌을 충분히 인정, 삶의 질

4) 평가의 실제

① 계량적 접근

양적 평가는 임금수준, 체계, 형태의 측면에서 이루어지며, 각 액수의 평가시에 전술한 콤파율(compa-ratio)을 활용

a. 임금수준의 분석

해당 기업 및 동종·동지역·동규모의 경쟁회사 임금수준을 조사

b. 임금체계의 분석

직무, 연공, 직무수행 능력의 제 측면에서 임금이 합리적으로 산정되었는지를 평가

c. 임금형태의 분석

인센티브가 동기부여와 종업원 유지에 효과적인지를 평가

② 질적 접근

a. 임금과정의 분석

임금산정 과정이 투명하고 윤리적으로 운영되었는지를 평가

b. 심리적 분석

구성원들의 임금공정성에 대한 인식, 임금만족에 대한 차이모델(discrepancy model of pay satisfaction)

$$\text{임금만족도} = 1 - \frac{|\text{실제 수령한 임금} - \text{기대임금}|}{\text{기대임금}}$$

개인의 임금만족도는 임금의 절대액 뿐만 아니라 임금에 대한 기대수준과도 밀접한 관련

제3절 복리후생관리

HUMAN RESOURCE MANAGEMENT

| 1 | 복리후생관리의 의의와 형태

1) 복리후생관리의 의의

① 개념

조직구성원과 그 가족의 생활수준 향상을 위하여 시행하는 임금 이외의 간접적인 경제적·비경제적 제반 급부

② 등장배경

복리후생은 기업에 보상관리의 유연성을 제공, 개인특성에 맞는 간접보상인 복리후생을 선호, 종업원과 회사 모두에 득

2) 복리후생의 목적과 필요성

① 경제적 측면

종업원의 사기가 높아져 성과향상, 보다 나은 인적자원

그림 6-8 임금만족에 대한 차이모델

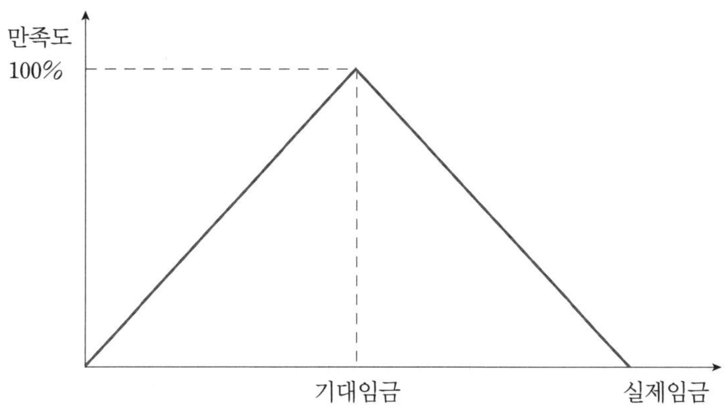

을 확보하는데 도움, 결근율을 줄이고 이직을 방지하는데 매우 효과적

② **사회적 측면**

상대적으로 불리한 지위에 있는 종업원들을 차별없이 보호, 인간관계 형성을 통한 사회적 욕구(social needs)를 충족

③ **정치적 측면**

정부와 노조의 압력으로부터 벗어날 수 있음

④ **윤리적 측면**

종업원의 최저생활 보장, 최소한의 문화생활

3) 복리후생 프로그램의 설계

① **기업측 요인**

복리후생비가 전체 인건비 범위 내에서 어느 정도 허용, 투입된 복리후생비와 이로 인해 창출된 편익 간의 관계, 경쟁기업의 복리후생 수준, 법적 요구사항

② **종업원측 요인**

종업원의 공정성 지각, 인구통계적 특성

③ **복지시스템 설계상의 요인**

복지혜택 대상의 선정, 복지프로그램의 유형을 결정, 재원조달 방법

4) 복리후생의 제 형태

법정 복리후생[사회보험, 유급휴일(휴가)제도, 법정퇴직금], 비법정(법정외) 복리후생[자발적(voluntary) 복리후생]

① **사회보험**

건강보험과 국민연금은 그 비용을 기업과 종업원이 반씩 부담하며, 산업재해보상보험은 기업이 전액 부담, 고용보험은 그 구성요소에 따라 부담방식이 달라짐

② **유급휴가제도**

1년 간 8할 이상 출근한 근로자에 대해서는 15일

5) 퇴직금과 퇴직연금

① **퇴직금**

a. 의의와 기본성격

근로자가 일정기간 동안 기업에 근속한 뒤 퇴직시에 주어지는 금전적 급부

b. 관련 법규

계속 근로연수 1년에 대하여 30일분 이상의 평균임금

c. 이론적 성격

공로보상설, 임금후불설, 생활보장설

② **퇴직연금제도**

a. 의의

퇴직금을 일시에 수령하지 않고 일정 기간 동안 고정액을 분할하여 수령, 고령화의 진행으로 인한 노후소득의 불안을 해소하고 기업의 퇴직금 지급 부담을 줄이는 취지

b. 도입 배경

종업원측의 노후소득 보장 니즈(needs)와 사용자측의 비용부담 감소 니즈가 결합된 결과

c. 기본 특징

ⅰ. 기업도산에 따른 지급불능 사태에 대응

믿을 만한 금융기관을 선정, 사업장이 도산해도 퇴직금을 받지 못하는 것에 대한 염려가 없음

ⅱ. 제도설계 및 운용과정의 다양한 선택권 부여

수령방식, 운용방식 등에서 옵션이 존재

ⅲ. 변화된 자산관리 환경에 대응

채권, 주식, 선물, 각종 파생상품 등 다양한 금융상품에 장기 분산투자

ⅳ. 은퇴 시까지 충분한 수준의 노후재원 보존

중도인출(중간정산) 요건을 엄격하게 제한, 실질적인 은퇴 시점까지 퇴직급여를 넉넉히 쌓을 수 있는 제도적 수단

d. 종류

ⅰ. 확정급여형(DB, defined benefit)

종업원이 받을 연금액이 사전에 정해지고, 사용자의 금융기관 적립금액을 노사합의로 결정, 안정적인 노후예측

이 가능, 사측이 지급을 보장, 이직시에 퇴직금의 계산이 복잡해진다는 단점

ii. 확정기여형(DC, defined contribution)

사용자가 금융기관에 종업원의 이름으로 적립하는 부담금의 수준을 사전에 확정하고, 적립금의 운용을 종업원이 자기책임 하에 실시, 종업원이 직장을 옮기거나 기업이 도산해도 기적립금액이 보장, 투자결과에 따라 종업원이 최종적으로 수령하는 연금액수가 달라질 수 있음, 젊은 층과 연봉제를 적용받는 사람들, 그리고 기업의 불안정성이 상대적으로 큰 중소기업 종사자와 이직이 잦은 단기근속자들에게 선호

iii. 개인형 퇴직연금

DC형과 유사한 방식으로 퇴직금을 운용하며 자기부담금을 추가하여 적립, 가입대상이 기존(근로자)보다 확대(자영업자 등도 포함), 연금 수령방식이 다양화, 은퇴시점 이후로 과세기간이 이연

e. 퇴직연금제 도입의 효과

노동자의 노후 소득을 보장, 기업의 합리적 비용관리를 유도, 임금피크제 등 기업의 유연적 인사관리에도 도움

f. 퇴직연금제의 문제점과 활성화 방안

i. 문제점

개념이 생소, 노사 간 협의가 원만하게 이루어지기가 어려움, 국민연금이 약화

ii. 활성화 방안

세제혜택을 강화, 다양한 형태의 퇴직연금제를 도입, 규제를 줄이고, 지급보장체제를 개선할 필요

그림 6-9 퇴직연금제의 유형별 적립방식

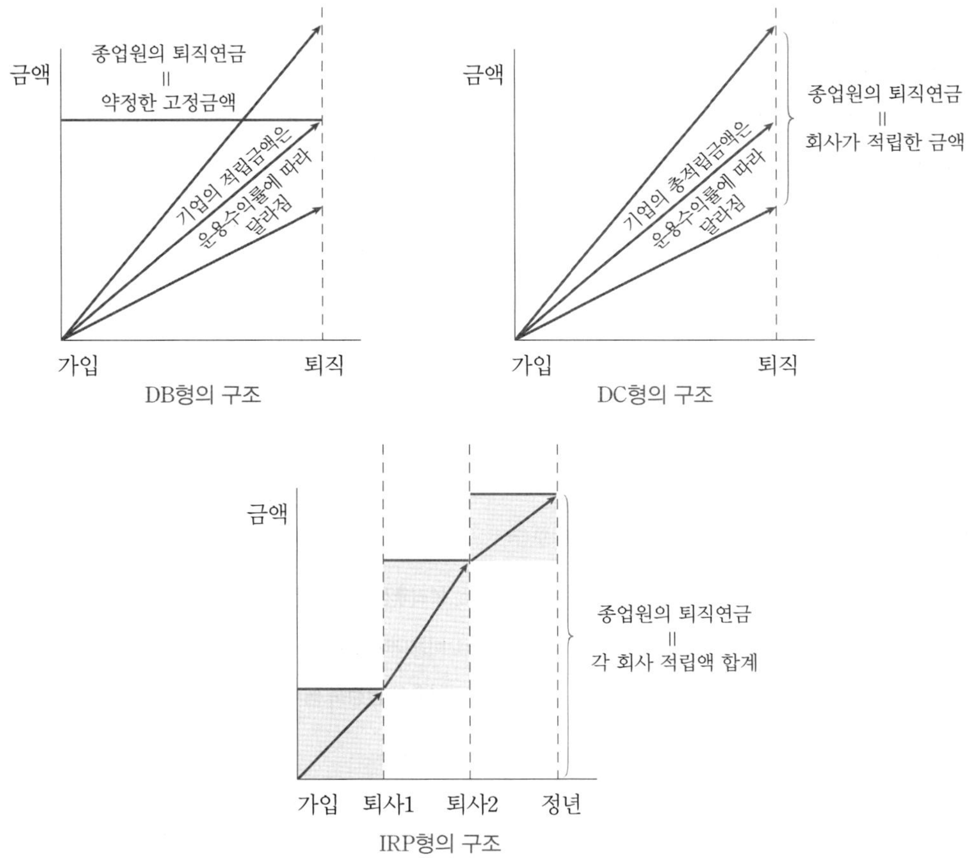

6) 복리후생의 효과성 제고를 위한 관리방안

① 복리후생관리의 기본원칙

적정성, 합리성, 협력성

② 효과적인 커뮤니케이션

종업원들이 복리후생의 구성요소와 그 가치를 이해하지 못하는 점이 복리후생에 대한 불만족의 근본적 원인

a. 내용면

복리후생의 목적, 수혜시기 및 수혜범위의 수준, 수혜대상자의 자격요건, 연간 총복리후생비용과 임금총액대비 비중, 기업과 종업원의 비용부담비율, 복리후생 프로그램의 이용방법 및 절차 등

b. 방법면

ⅰ. 커뮤니케이션 매체의 활용

ⅱ. 종업원 간담회 개최

ⅲ. 복리후생 컨설턴트의 활용

③ 복리후생비용의 철저한 분석

a. 연간 총 복리후생비용

b. 종업원 1인당 연간 총 복리후생비용

c. 복리후생의 임금 대비 비율

④ 기타 요인

a. 운영의 공정성

복리후생의 불공정성은 종업원 간 위화감과 불만 증가로 이어질 수 있음

b. 운영의 신속성과 정확성

가능한 신속하고 즉각적인 비용처리

c. 모니터링 및 감사

복리후생 프로그램들이 올바르게 운영되고 있는지 모든 부분들을 꼼꼼히 확인하는 과정

d. 종업원의 참여

종업원의 적극적 참여

|2| 복리후생관리의 전개방향

1) 생산적 복리후생

복리후생관리 역시 경영자측의 생산성 니즈(needs)와 종업원측의 자기실현 니즈로부터 출발, 허쯔버그(Hertzberg)의 2요인 이론, 복리후생은 일종의 위생요인(hygiene factor)

2) 질적 복리후생(= 비경제적 복리후생)

복리후생은 종업원의 만족과 삶의 질 향상에 기여하는 방향으로 설계, 일과 생활의 균형(work & life balance, WLB)

3) 유연적 복리후생

유연복리후생계획(flexible benefit plans), 카페테리아식 복리후생제도(cafeteria-style benefit plans)

① 의의

a. 기존 복리후생의 문제점

복지혜택을 일률적으로 제공, 종업원들이 선택권이 없으므로 종업원들의 욕구를 충족시켜주기가 어려운 단점

b. 유연복리후생

복리후생 선택안(option)을 복수로 제공, 자기가 선호하는 복리후생을 자유롭게 선택

② 유형

선택항목 추가형(core plus plans), 모듈 접근법(module plans), 선택적 지출계좌형(flexible spending accounts)

③ 효과

a. 종업원의 만족도 증가

b. 변화하는 욕구에 대응

c. 복리후생 설계에 참여

d. 비용대비 효과

e. 비용의 안정적 통제

④ 한계

종업원들이 선택을 잘못했을 경우 위급시에 혜택을 받지 못하는 경우, 관리상의 부담과 비용이 증가, 기업의

복리후생비 부담이 증가, 선택의 역기능

⑤ 핵심성공요인

제도적 차원에서 종합 보상정책과 정렬(align)시킬 수 있는 효율적인 시스템을 마련, 운영적 차원에서 종업원들의 적극적 참여와 의사소통을 장려

HUMAN RESOURCE MANAGEMENT

심화학습

최고경영자 보상에 영향을 미치는 요인

인적자본이론(human capital theory), 경영진은 조직성과의 근간이 되는 의사결정을 수행하는 사람, 한계생산성이론(Managerial productivity theory), 경영진이 될 만한 인력의 수요는 공급을 훨씬 초과, 대리인 이론(agency theory), 경영자는 주주의 경제적 이익을 극대화시킬 대리인

최고경영자 보상 : 토너먼트 관점의 접근

에드워드 레지어(Edward Lazear), 부하 직원들에게 높은 직급으로 승진하기 위해 좋은 성과를 내겠다는 동기를 부여했다면 CEO에게 고액 연봉을 지급한 회사의 결정은 합리적인 것이 된다는 주장

최고경영자 보상의 구성요소

기본급(base salaries), 단기성과급(short-term incentive), 장기성과급(long-term incentive)

최고경영자 보상관리에 있어 고려해야 할 사항

위험관리적 측면, 측정지표(criteria)적 측면, 시간지평(time horizon)

CHAPTER 7
유지관리

단원개요

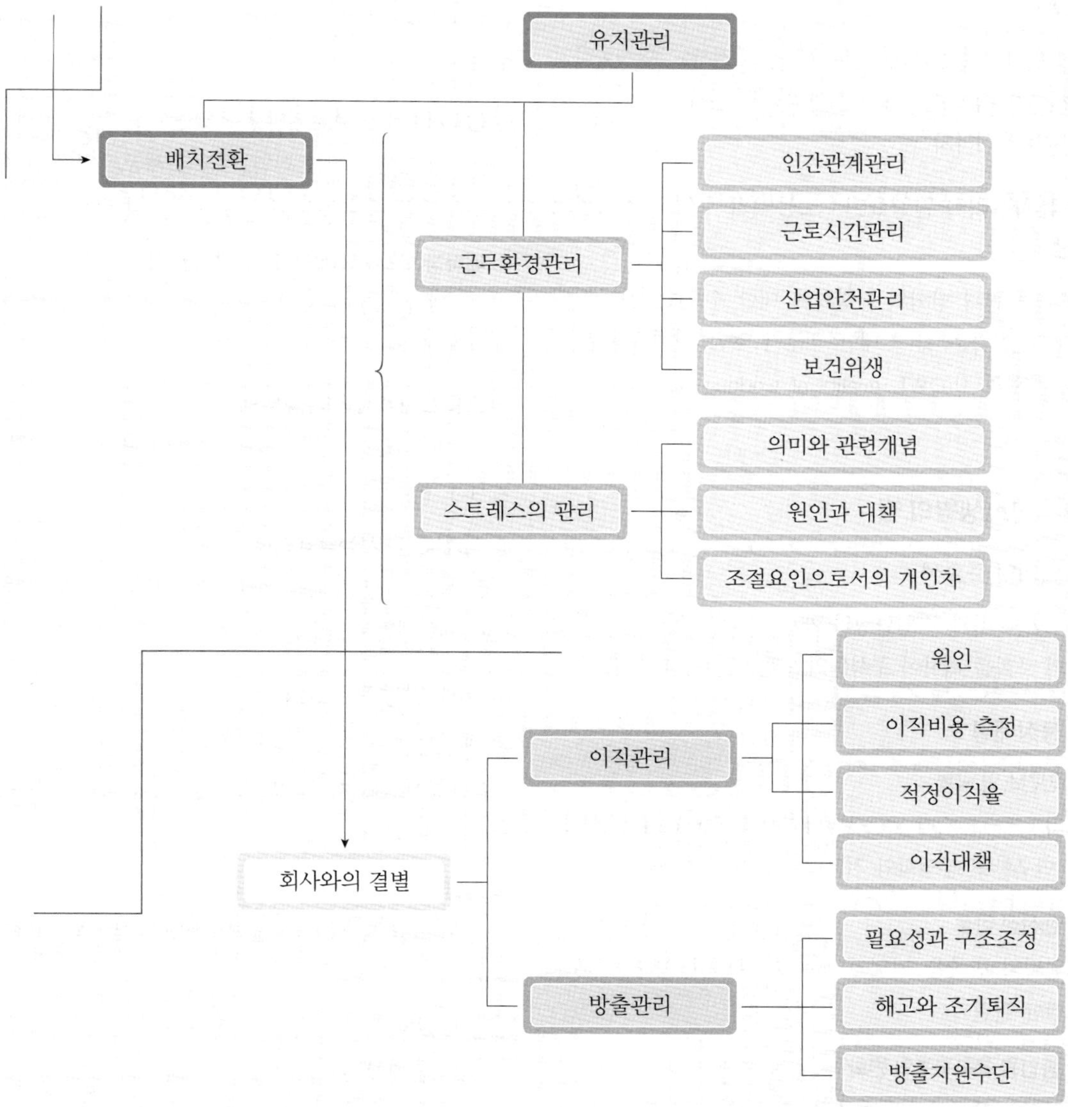
유지관리
배치전환
근무환경관리
인간관계관리
근로시간관리
산업안전관리
보건위생
스트레스의 관리
의미와 관련개념
원인과 대책
조절요인으로서의 개인차
회사와의 결별
이직관리
원인
이직비용 측정
적정이직율
이직대책
방출관리
필요성과 구조조정
해고와 조기퇴직
방출지원수단

HUMAN RESOURCE MANAGEMENT

제1절
유지관리의 의의와 환경

| 1 | 유지관리의 의의

1) 개념

종업원의 노동능력과 근로의욕을 보전하고 활성화하기 위한 계획적이고 체계적인 관리활동, 인적자원의 보전과 활성화에 이바지

2) 유지관리의 환경요인 : 노동력의 구성과 가치관의 변화

인적자원관리 방식의 다양화에 대한 수요가 증가, 삶의 질과 인간다운 삶에 대한 희구가 점차 강해지는 추세, 근로생활의 질(QWL, quality of working life) 향상

| 2 | 근로생활의 질

1) 의의와 중요성

공정한 보상과 작업환경의 개선, 그리고 직장과 사회생활의 조화를 꾀하여 구성원의 인간적 존엄성을 확보

2) 등장배경

① 인간소외 극복

트리스트(Trist)가 주도한 타비스톡(Tavistock) 연구소의 연구활동, 분업화와 전문화로 인한 인간소외를 극복

② 생산성 향상

종업원의 만족은 기업의 생산성, 나아가 이윤창출과도 밀접한 관련

③ 종업원 욕구구조의 변화

종업원의 욕구구조가 경제적 측면에서 인간적인 상위욕구로 변화

3) QWL의 구성요소

① 보상과 처우의 공정성

기본적인 물질적 삶을 누리기 위해서는 적절하고 공정한 보상이 필요

② 안전하고 건강한 작업조건과 직장 분위기

근무환경과 근로조건에서 오는 건강상의 문제가 최대한 고려

③ 능력개발 및 능력을 발휘할 수 있는 기회

복합적 기술을 요하는 작업, 정보의 제공, 전반적인 직무내용의 조망, 계획에의 권한 등이 주어질 필요

④ 매력적이고 사회적으로도 바람직한 직무

직무수행의 과정이 개인적 효용과 사회적 효용을 동시에 가져야 함

⑤ 고용 보장 및 성장가능성 보장

좋은 직장이란 이러한 복합적 측면의 욕구(needs)를 충족시켜 주는 곳

⑥ 직업생활과 사생활의 조화

직장만족도와 노동력의 재충전을 위해서는 직업생활시간과 개인생활시간의 균형

4) QWL 향상 프로그램

① 개인 차원

직무재설계, 근로시간의 탄력적이고 유연적인 조정, 종업원 고충처리제도

② 집단 차원

품질관리조의 활성화, 자율적 작업팀, 참여적 리더십의 발휘

③ 조직 차원

보상의 공정성 강화, 경영참가제도, 탄력적 복리후생제도, 고용안정, 직장과 가정 생활의 조화(work-life balance)

5) QWL 프로그램의 실행절차

3S, 즉 정신(spirit), 구조(structure), 연구(study)의 세

관점이 필요

① 제1단계 : 최초 교육과 위원회 구성

사전교육, QWL 위원회를 구성, 필요한 원칙들을 정리

② 제2단계 : 정보수집과 계획

면접 및 질문지 등의 방법을 활용하여 정보수집에 착수, 설문조사의 결과를 바탕으로 기업 전체의 QWL 활동 실시방안을 확정

③ 제3단계 : 현장위원회 구성

QWL 프로그램을 실시하기가 가장 용이한 곳을 선정하고 현장위원회를 구성

④ 제4단계 : 세부계획 작성 및 실시

자기 집단에 적정한 활동계획을 작성하여 위원회 승인 후 이를 실시

⑤ 제5단계 : 의미해석 및 홍보

시험집단에서의 QWL 활동진행을 기업내 다른 집단 구성원에게도 홍보하고 이 활동의 지원자 내지는 지원집단에 확산

6) QWL 향상의 효과

종업원의 직무만족이 향상되고 스트레스가 줄어들며(개인적 효과), 조직생산성이 향상되고, 결근과 이직이 감소(조직적 효과), 국가사회적 효과

|3| 고용의 질과 좋은 일자리

1) '좋은 일자리'에 대한 관심이 증가하는 배경

21세기 노동정책의 과제는 무조건적인 일자리의 증가가 아니라 양질의 일자리 창출과 유지,
좋은 일자리(Decent Work)

2) '좋은 일자리'의 개념과 측정

일자리의 창출, 일터에서의 권리보장, 사회적 보호(social protection), 사회적 대화(social dialogue)

3) 개인차원에서의 좋은 일자리

① 직무/직업 특성

작업자를 만족시킬 수 있는 근본적인 요인은 그 직무의 자율성, 권한 그리고 독립성

② 고용안정

일자리의 안정성이 좋은 일자리의 중요한 측면이라는 것은 분명

③ 발전 가능성

직무만족을 증대시킬 수 있는 동기요인으로 성취감, 인정, 직무 자체가 주는 흥미, 책임감, 직무의 도전성 외에 성장가능성과 발전성(승진)을 중요한 요소로 제시

④ 보상

일을 통해 경제적 목적을 잘 충족한다는 것은 지금 하고 있는 일에 대한 만족도와 높은 관련성

⑤ 근무조건

근무시간은 주로 직업선택의 요인으로, 근무환경은 직무만족의 결정요인

⑥ 관계

인간관계 등은 오래 전부터 직무만족에 영향을 미치는 요인, 직무만족의 결정요인에 대한 연구들은 노동조합 유무가 직무에 영향을 미친다고 지적

|4| 일과 삶의 균형

1) 개념

기업이 조직구성원들로 하여금 스스로의 일과 자신의 생활 간에 균형을 추구할 수 있도록 시간적인 배려와 물질적 및 정서적 지원을 제공

2) 유형

근무형태 다양화, 가족대상 프로그램, 개인신상 지원, 직무관련 지원, 성과관련 지원

3) 중요성

개인 및 사회 가치관의 변화, 핵심인력을 유지하는데 도움, 다양하고 우수한 여성인력을 확보하고 유지

제2절 배치전환관리

HUMAN RESOURCE MANAGEMENT

|1| 의의와 중요성

1) 의의

배치전환, 배치(placement)와 전환(transfer)의 합성어, 유능한 인재를 기업의 목적에 맞게 적재 · 적소 · 적시에 배속시키는 과정, 종업원을 특정 직무에서 다른 직무로 옮기는 수평적 과정

2) 중요성

① 역량의 효과적 활용

종업원의 능력을 제대로 활용하기 위한 전제조건

② 다음 세대 후계자 양성

일반관리자로서의 자질을 습득

③ 근로의욕 증진과 자아실현에 기여

기술다양성(skill variety)은 동기부여의 중요 조건

|2| 배치전환의 원칙과 내용

1) 기본원칙

① 적재적소적시주의

직무가 요구하는 조건과 종업원의 역량 간 차이가 최소화되는 방식, 직무수행능력과 업무에 대한 흥미 및 적성

② 인재육성주의

종업원의 역량향상

③ 균형주의

조직력의 증가와 협동시스템의 구축에 도움이 되는 방향으로 배치전환을 실시

2) 적합성의 극대화 방법

① 직무특성모형의 활용

a. 직무특성의 동기부여효과에 대한 조절변수로서의 성장욕구강도(GNS)

성장욕구강도(GNS : growth needs strength), 높은 성장욕구를 가진 종업원들은 자신의 직무에 대한 열의가 높기 때문에 충실화된 직무(즉, 핵심직무특성의 제 요소가 고루 갖추어진 직무)가 주어졌을 때 낮은 성장욕구를 가진 종업원들에 비해 보다 긍정적인 심리상태를 경험

b. MPS와 GNS를 활용한 업무배치 방법

MPS가 높은 직무에는 GNS가 높은 직원을, MPS가 낮은 직무에는 GNS가 낮은 직원을 배치하는 방법

② 계량적 기법

선형계획법(LP, linear programming), 직무에 요구되는 자격요건(직무가 요구하는 능력요건)과 구성원의 역량요건(지식, 기술, 능력 등)간의 차이를 최소화

표 7-1 MPS와 GNS를 활용한 업무배치 예시

	MPS 높은 직무	MPS 낮은 직무
GNS 높음	적정 배치	부적정 배치
GNS 낮음	부적정 배치	적정 배치

③ **대체도**

계량적으로 기록 가능한 연령, 현 직급에서의 근속기간, 인사평가 결과와 비계량적 등급으로 표현되는 교육훈련의 정도, 승진가능성 등의 다섯 가지 정보가 기재

3) 이동방식에 따른 배치전환의 유형

T형, I형, L형, S형, +형

4) 특수목적에 따른 배치전환의 유형

① **생산 및 판매변화에 의한 배치전환**

제품시장의 환경변화로 인해 생산 및 판매상황이 바뀌게 될 때 이에 대응

② **직무순환(순환근무, job rotation)**

경력개발의 목적으로 실시되는 배치전환

③ **교대근무(shift transfer)**

업무는 변화되지 않고 근무시간만 바뀌는 형태의 배치전환, 바이오리듬(biorhythm)

④ **교정배치(remedial transfer)**

개인의 적성이 해당 직무와 맞지 않거나 인간관계 내 문제가 생겨 협동분위기가 훼손될 때, 또는 상사와 부하 간의 갈등이 심화되었을 때

|3| 배치전환의 평가관리

1) 당사자의 의사 확인

2) 배치전환 평가의 제 방법

공정성 평가, 타당성 평가, 경력경로 평가, 효과성 평가, 미래정책 고려여부 평가, 종업원의 불만사항 평가

3) 사후관리

재교육훈련을 제공하거나 근무환경을 개선

제3절 근무환경관리

HUMAN RESOURCE MANAGEMENT

|1| 인간관계관리

성과적 공동체 형성

1) 사기조사(morale survey)

종업원의 의욕을 저해시키는 요인과 각종 불만 원인 등을 조사

① **태도조사(attitude survey)**

종업원 만족도 조사

② **통계조사**

근무태도기록 등을 토대로 파악

2) 상담제도(counseling)

종업원의 불평불만이나 희망사항 및 개인적이고 가정적인 고민들을 전문상담자를 통해 자유롭게 상담

3) 문호개방정책(open-door policy)

보다 높은 직위의 상사에게 고충을 가지고 가도록 하는 제도

그림 7-1 이동방식에 따른 배치전환의 유형

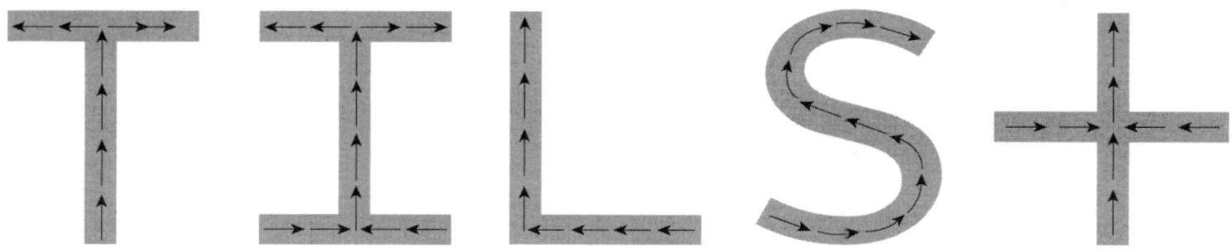

4) 제안제도(suggestion system)

① 개념

여러 가지 개선안을 일반 종업원들로 하여금 제안

② 효과

제안 그 자체에서 생기는 실익, 종업원의 사기와 근로의욕을 높일 뿐만 아니라 노사 간의 상호이해 증진

③ 핵심성공요인

자유롭게 제안, 보상, 공정성

5) 옴부즈맨 제도(ombudsman)

종업원들의 불만이나 고충을 듣는 사람

6) 소시오메트리(sociometry)

소집단의 구성원들 사이에서 일어나는 유인이나 무관심 또는 거부의 유형을 알아내는데 쓰이는 객관적 분석기법, 스타(stars, 여론선도자), 고립자(isolated), 연결역할(liaison role), 문지기(gatekeeper)

7) 감수성 훈련(sensitivity training)

토론 참가자들 간 상호작용의 과정에서 자기자신과 타인의 감정, 가치관, 동기 및 행동을 이해하고 통찰함으로써 집단과 조직차원의 문제해결 능력을 높이는 훈련기법

| 2 | 근로시간관리

1) 의의와 중요성

종업원이 사용자와 계약한 노동력을 사용자의 지휘와 명령 하에 제공하는 시간, 기업의 입장, 종업원의 입장, 국가사회적 측면

2) 근로시간관리의 주요 쟁점과 과제

경제성장과 산업구조의 고도화, 임금수준이 향상, 경영관리의 방식도 변화, 과학기술의 진보와 세계화, 근로시간의 단축과 유연화

① 근로시간의 단축

a. 우리나라의 근로시간

장시간 근로 문제를 개선하고 '소득과 여가' 양 측면에서 근로자의 건강증진과 삶의 질 개선을 도모

b. 근로시간 단축의 역사적 배경

1920~1930년대(근로자의 건강과 안전을 보장), 1940~1950년대(근로자의 여가증대 및 생활수준 향상 목적), 1960년대 이후(실업 대응 수단)

c. 근로시간 단축의 효과

생산성 향상, 가정생활의 충실과 건전한 사회문화생활의 영위, 일과 생활의 균형(WLB), 고용감소를 방지하고 고용창출 기회를 제공, 구조적 경쟁력 확보의 계기를 마련

d. 근로시간 단축의 문제점

노동비용의 증가를 가져오고 기업의 가격경쟁력을 약화, 생산설비 이용의 비효율성을 초래, 노동강도가 올라가 오히려 피로와 스트레스를 증가, 국민경제상의 각종 변수를 왜곡

e. 근로시간 단축에 대한 기업의 대응방안

ⅰ. 사무직 : 연장근로의 통제와 관리

연장근로가 필요하면 사전 승인을 받은 후, 관리자들이 스스로 연장근로를 관리 · 통제하도록 하는 방안을 제안, 근로자들의 일방적인 연장근로 제공을 관리, 사전승인받은 근로자들은 별도 사무실에 모여 연장근로를 하는 방법

ⅱ. 생산직 : 교대제 개선 및 정원관리

정확한 정원 산정이 필수적

② 근로시간의 유연화

일의 분량과 난이도는 상황에 따라 달라질 수 있음, 근로시간의 경직성은 어느 정도의 비효율을 내재하고 있음, 생산성의 향상을 위해서도 근로시간의 유연화는 필수적인 과제

a. 탄력적 근로시간제

근로기준법상의 법정 근로시간을 변형하는 모든 형태를 총칭, 임금수준의 저하 여부가 쟁점

b. 집중근무시간제

일당 근로시간을 늘림으로써 주당 근로일수를 조정

c. 선택적 근로시간제

일정 기간 동안 미리 정해진 총근로시간에 맞추어 원하는 대로 근무시간을 조정할 수 있는 제도, 전문직이나 연구직 등에 적합, 협업이 어려워질 수 있다는 단점

d. 근로시간의 간주

직무를 수행하는 데 필요한 시간이나 노사가 서면합의한 시간을 근로시간으로 간주하는 제도, 인정근로제, 재량근로제

e. 근로시간계정제

종업원이 특정기간 동안에 발생된 계약근무시간과 실제 근무시간 간의 차이를 계정(account)에 산입하여 운영하는 제도, 근로시간채권, 근로시간부채

f. 부분근로시간제

정규근로시간(full-time work)보다 적은 시간 동안 일을 하며 그에 상응하는 낮은 급여가 지급되는 형태의 근로시간제도

|3| 산업안전관리

1) 의의와 중요성

작업장에서 일어나는 종업원의 각종 손실(산업재해)을 최대한 방지하고 사고와 질병을 유발하는 원인을 제거, 천부적 인권에 대한 국가사회차원의 보호수준과 기업의 평판

2) 산업안전보건법

사용자의 역할, 산업재해 발생원인의 기록과 보고, 안전보건표지의 부착, 안전보건 관리체제 구축, 사내 안전관리규정 작성, 건강진단 실시의무 등

3) 안전의 측정과 관리

① 안전문제의 측정변수

빈도[=(부상종업원의 수/작업시간의 수)], 강도[=(총손실근로일수/총근로시간수)]

② 산업재해로 인한 손실의 측정기준

직접손실비용, 간접손실비용

③ 안전 T점수

현재의 사고빈도가 과거의 그것에 비해 통계적으로 유의미(significant)한지를 판정하는 데 활용

$$\text{안전 T점수} = \frac{\text{현재의 사고빈도율} - \text{과거의 사고빈도율}}{\sqrt{\dfrac{\text{과거의 사고빈도율}}{(\text{현재의 작업시간})/1{,}000{,}000}}}$$

4) 안전대책의 강구

① 안전대책에 대한 제이론

a. 하인리히의 도미노 이론(domino theory)

상해의 발생은 선행적(유전적) 또는 사회적 환경, 사람의 과실, 불안전한 행위 및 조건, 사고의 단계를 거쳐 발생하게 되는데 여기서 안전관리를 위하여 가장 쉽고 효과적으로 제거할 수 있는 단계는 바로 불안전한 행위 및 조건

그림 7-2 선택적 근로시간제의 기본 모형

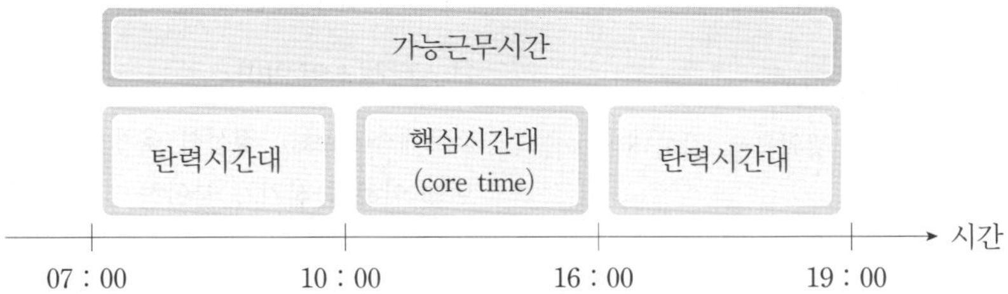

b. 복합요인이론(multiple causation theory)

안전사고는 다양한 요인들의 무작위적(random)이고 복합적인 결합에 의해 발생

c. 깨진 유리창 이론(broken window theory)

안전사고는 너무나 미미하여 평소에 지나치기 쉬운 사소한 결함에서 출발

② 안전사고의 원인분석 : 4M 기법

물적 요인(machine), 인적 요인(man), 환경적 요인(media), 관리적 요인(management) 등

a. 물적 요인

기업 내의 각종 시설과 설비 측면에서 비롯되는 재해의 원인

b. 인적 요인

개인의 선천적·후천적 요인, 부주의 및 피로와 스트레스

c. 환경적 요인

물리적·화학적·정보적 위험요소

d. 관리적 요인

안전교육의 불충분, 작업관리의 불량, 채용과정의 오류

③ 안전대책의 마련

안전사고의 원인을 제거

a. 안전사고 요인별 대책

- 물적 요인의 측면(engineering) : 구입할 때부터 주의
- 인적 요인의 측면(education) : 작업조건과 방법의 합리화, 물리적인 조건의 관리, 건강 증진을 위한 각종 프로그램
- 환경적 요인의 측면(environment) : 기계 및 설비의 배치와 작업장의 위생관리, 종업원의 적정배치
- 관리적 요인의 측면(enforcement) : 안전대책위원회, 재해방지 프로그램

b. 행위기반 안전(behavior based safety)

사고를 유발하는 작업자들의 행위들을 찾아내어 이들 행위들을 회피하도록 훈련

| 4 | 보건위생관리

1) 의의와 중요성

종업원의 건강과 복리 증진에 기여하는 체계적이고 합리적인 관리과정

2) 직업병(occupational disease)

근로자가 일정한 직업에 종사함으로써 발생하는 질병, 물리적, 화학적, 생물학적, 6대 직업병

3) 피로(fatigue)

인체의 에너지 지출이 일정한 한도를 넘어서는 정도로 노동이 과도하게 행하여졌을 때 일어나는 각종 생리적 현상을 총칭, 근육노동에 의한 피로, 정신신경적 노동에 의한 피로, 환경조건에 의한 피로

4) 대책의 마련

물리적인 조건의 관리, 건강 증진을 위한 각종 프로그램을 마련, SIVE

① 대치(substitution)

② 격리(isolation)

③ 환기(ventilation)

④ 교육(education)

HUMAN RESOURCE MANAGEMENT

제4절 스트레스의 관리

| 1 | 의미와 관련개념

1) 스트레스의 의미

스트레스(stress), 정신적·육체적으로 받는 부정적 억압으로 인하여 심기가 불안한 상태, 제약조건, 중요성, 불확실성

2) 스트레스 요인의 종류

도전적 스트레스 요인(challenge stressor),
방해적 스트레스 요인(hindrance stressor)

3) 요구(demand)와 자원(resource)

요구(demand)란 직무수행을 하는 과정에서 부담으로 작용하는 작업량(workload), 시간의 압박, 위험요소 등, 자원(resource)이란 직무수행과정에서 활용가능한 자산

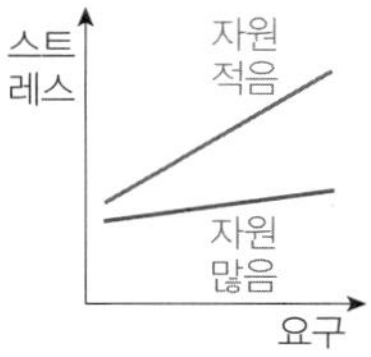

◎ 요구-자원 모형 : 요구에 부응할 수 있도록 자원을 제공해야 스트레스가 감소됨

4) 스트레스 인과모형

| 2 | 원인과 대책

1) 스트레스의 원인

① 환경적 원천

정치, 경제, 사회, 문화, 기술적 측면의 불확실성

② 조직적 원천

근무환경, 역할요구(role demand),
인간관계요구(interpersonal demand), 직무 자체의 특성, 조직구조와 제도적 측면, 직장과 가정간의 갈등(work-family conflict), 정보불안증(information anxiety)

③ 개인적 원천

가족과의 관계, 경제적 압박, 성격 특징 등

2) 스트레스의 결과

① 스트레스에 대한 반응 : 일반적응증후군

셀리에(Selye),
일반적응증후군(General Adaptation Syndrome ; GAS)

a. **경고**(alarm reaction)

b. **저항**(stage of resistance)

그림 7-3 스트레스의 인과모형

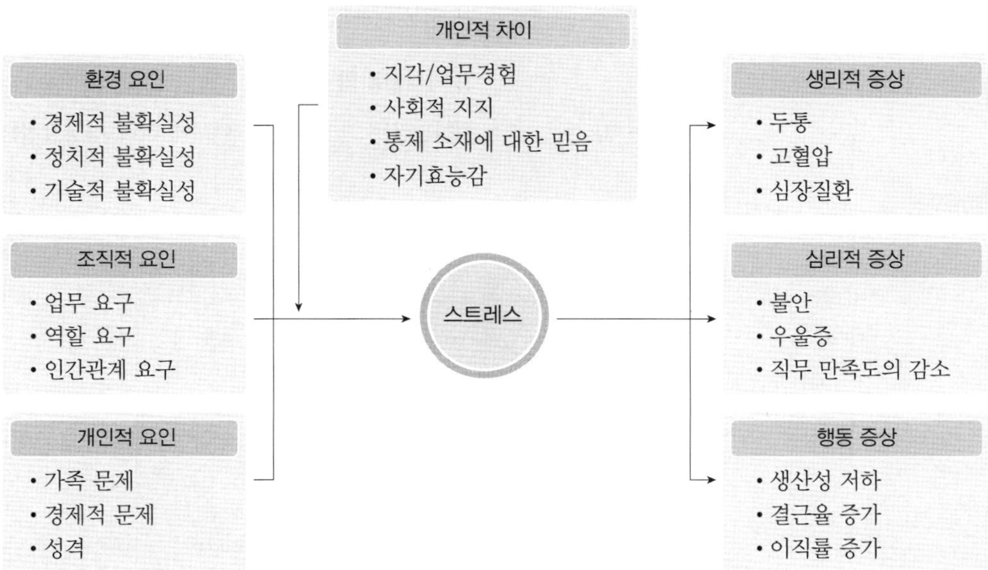

c. 소진(stage of exhaustion)

② 스트레스로 인한 증상의 세부 내용

a. 생리적 증상

뇌, 순환계, 소화계 등에 부정적인 영향

b. 심리적 증상

불만족을 비롯하여 긴장감이나 초조함, 불안감, 지루함 등의 심리적 상태

c. 행동적 증상

스트레스와 업무성과 간에는 역U자형의 관계가 성립

3) 스트레스 관리방안

① 개인적 접근 : 사후대처의 관점

시간관리, 적당한 운동, 긴장완화 훈련(명상 등)과 사회적 활동

② 조직적 접근 : 사전예방의 관점

선발과 업무배치의 질 제고, 현실적인 목표 설정, 업무 재설계, 직원 참여 프로그램의 확대, 안식년 제공, 복리후생 증대

4) 조절요인으로서의 개인차

스트레스에 대한 개인의 인식(지각), 해당 분야의 업무 경험, 주변인들과의 관계(사회적 지지), 자기효능감(성격) 등

제5절
이직관리

| 1 | 의의와 중요성

1) 이직의 개념과 종류

현재 종사하고 있는 조직이나 직종으로부터 이탈하는 행동, 개인적 차원, 이직, 조직적 차원, 방출(release)

2) 이직의 원인과 유형

① 종업원의 의사

자발적 이직(voluntary turnover), 전직, 사직, 비자발적 이직(involuntary turnover), 해고, 퇴직

② 유발요인의 원천

견인(pull)형 이직, 대안(alternative)이 있을 때,
추동(push)형 이직, 불만(discontent)이 있을 때

③ 이직원인의 통제가능성

가피형 이직(avoidable turnover, 통제가능 이직),
불가피형 이직(unavoidable turnover, 통제불가능 이직)

④ 갈등

이해갈등(interest conflict)에 의한 이직,
가치갈등(value conflict)에 의한 이직

3) 이직관리의 중요성

이직관리는 그 효과성의 여부에 따라 경영상 심각한 위

그림 7-4 셀리에의 일반적응증후군 단계

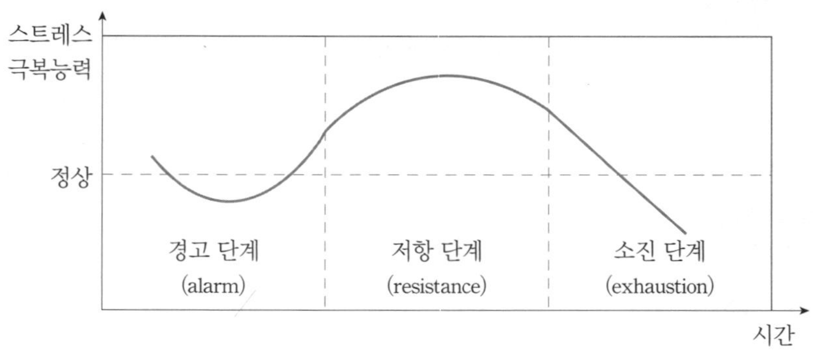

협이 될 수 있는 동시에 기회요인으로 작용할 수도 있음

| 2 | 이직의 효과

1) 긍정적 효과

① 이직자에 대한 효과

높은 임금, 능력을 보다 많이 발휘할 수 있는 기회

② 잔류자에 대한 효과

보다 나은 직무로의 이동가능성, 작업집단의 분위기를 일신

③ 기업에 대한 효과

조직 전체의 능력이 제고, 성과의 양과 질이 증가, 조직 활성화의 계기

2) 부정적 효과

① 이직자에 대한 효과

직장생활에 대한 불확실성이 증가

② 잔류자에 대한 효과

집단응집성(group cohesiveness)을 약화, 협동관계의 훼손, 업무를 분담해야 하는 부담

③ 기업에 대한 효과

높은 이직비용을 발생, 인적자원 측면에서의 경쟁력 약화, 조직분위기도 훼손

| 3 | 이직의 측정과 분석

적정이직수준, 높은 이직률은 회사의 역동성을 드러내는 지표, 낮은 이직률은 기업의 안정성을 드러내는 지표

1) 이직률의 측정과 분석

$$\text{조이직률}(\%) = \frac{\text{총이직자 수}}{\text{종업원 수}} \times 100$$

$$\text{순이직률}(\%) = \frac{\text{총이직자 수} - \text{불가피형 이직자 수}}{\text{종업원 수}} \times 100$$

2) 이직비용의 측정과 분석

이직비용이라 함은 종업원 1인의 신규채용과정에서 발생하는 대체비용(replacement cost)과 이직을 결심한 종업원으로 인하여 발생하는 협의의 이직비용을 합한 개념

① 이직 결심시점부터 실행시점 사이에 발생하는 비용

생산성 저하, 팀 전체의 사기저하

② 이직시점부터 대체인력고용이 완료되기까지의 비용

인력부족으로 인한 생산성 저하, 대체인력의 충원비용

③ 대체인력의 고용 이후 발생하는 비용

업무가 서툴러서 발생하는 성과저하, 조직부적응으로 인한 각종 비용, 인간관계 갈등으로 인한 문제점

3) 적정이직률의 관리

기업의 적정이직률은 기업이 부담해야 하는 (광의의) 이직비용과 인력보유비용의 합이 최소가 되는 지점에서 결정됨

그림 7-5 이직과정과 발생비용

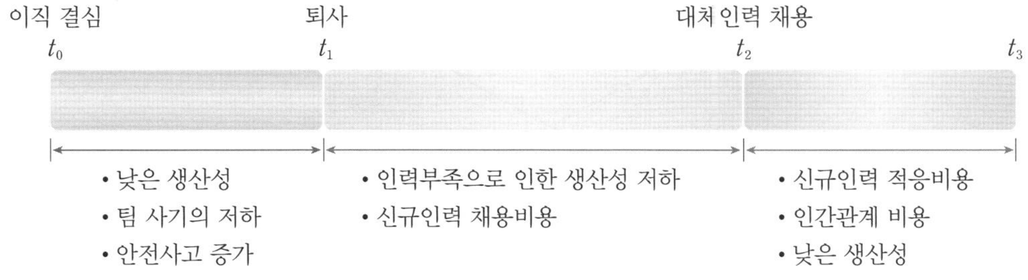

| 4 | 이직 원인의 분석과 대책

1) 이직원인 분석의 필요성

종업원이 근속을 결정한다고 해서 그것이 무조건 긍정적인 원인(예 직무만족) 때문만은 아닐 수 있음에 유념

2) 이직원인의 분석방법

면접법, 질문지법, 인사기록 분석법(인사기록부 등의 자료를 분석하여 이직원인을 파악), 태도조사법

3) 이직과 근속의 유형 구분

기업 외부적 요건으로서의 환경 압력(pull factor),
직무매력도 내지 직무만족도(push factor)

4) 이직에 대한 대책

① 대상별 대책

a. 회사에 대한 부적응으로 인한 이직 방지

적응시스템, 따뜻한 배려와 열린 마음, 직책상의 지도 및 훈련

b. 자아발전욕구의 좌절로 인한 이직 방지

승진기회의 부여, 교육훈련을 통한 자격취득 기회 제공, 해외연수를 통한 종업원의 자기발전 기회 제공, 전문직능의 확충으로 인한 실질적인 우대방안 마련 등

② 원인별 대책

a. 조직차원의 관리방안

임금 및 복리후생과 승진, 내부공정성을 높이는 전략이 필요

ⅰ. 조직적 공정성

이는 팀워크가 조직의 성공에 필수적인 조직의 경우에 특히 중요, 직무평가

ⅱ. 개인적 공정성

종업원의 작업성과나 공헌에 대한 동기유발에 직접적인 영향, 연공급의 산정을 위한 호봉체계 관리, 직능자격제도의 정립이 요청, 성과평가시스템의 체계화

b. 작업환경차원의 관리방안

감독자(상사)의 리더십 스타일, 동료집단과의 상호작용과 인간관계, 작업조건과 근무환경 등, 상사와 부하직원 간의 관계(leader-member relationship)를 고려한 인력배치, 각종 관리기술(managerial skills)에 대한 지속적 교육훈련, 열악한 작업환경의 개선

c. 직무내용차원의 관리방안

직무의 특성이나 난이도 및 책임감과 자율성 등의 문제, 직무확대와 직무충실, 도전적인 직무를 부여, 임파워먼트(empowerment)를 통한 구성원 참여의 확대

5) 직무배태성(job embeddedness)

종업원이 현재의 직무와 조직에서 계속해서 근무하도록

그림 7-6 적정이직률

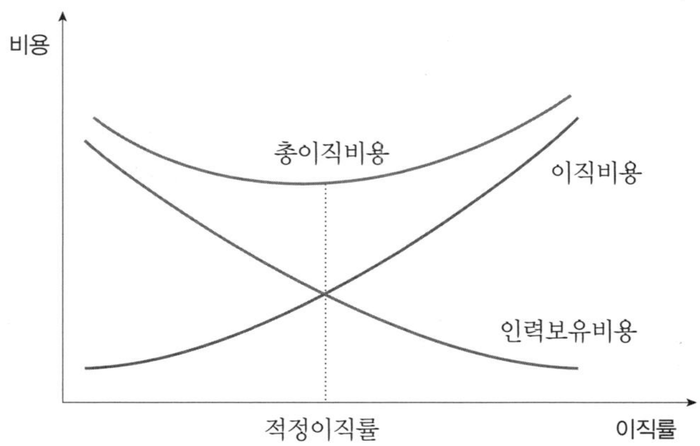

하는데 영향을 미치는 종합적이고 광범위한 연결망, 연결고리(links), 적합성(fit), 희생(sacrifice)

제6절
방출관리

|1| 의의와 필요성

1) 방출관리의 의의

기업의 입장에서 행하는 각종 고용조정(employee adjustment)에 따라 종업원의 일부 또는 전체에 대한 전직·해고의 단행이나 노동시간의 변경 등의 조치를 총칭하는 개념

2) 방출의 원인 : 인력과잉

① 인력공급과잉의 개념과 원인

기계화와 사무자동화(OA, office automation), 시장에서의 경쟁 격화, 경기후퇴 내지는 해당기업 제품의 노후화, 기업이 계절적 사업을 수행하는 경우, 경영관리의 실패

② 인력공급과잉의 해소를 위한 인력감축전략과 그 효과

내부방출, 외부방출

a. 근무시간 단축

ⅰ. 의미

제품수요가 줄어들어 기업이 생산량을 줄여야 하는 경우

ⅱ. 기업에 미치는 영향

생산시설의 활용도가 낮아지는 문제

ⅲ. 종업원에 미치는 영향

피로도가 낮아진다는 장점, 임금이 줄어들 수 있는 문제

b. 신규채용 억제

ⅰ. 의미

공석을 충원하지 않거나 채용 규모를 줄임으로써 인력공급을 점진적으로 해소

ⅱ. 기업에 미치는 영향

인력의 유입이 차단되므로 상당한 수준의 경쟁력 저하가 발생, 인건비가 줄어든다는 효과

ⅲ. 종업원에 미치는 영향

보상액의 손실은 거의 없으나 인력감소로 인하여 업무부담이 증가

c. 조기퇴직제도

ⅰ. 의미

정년에 도달하지 않은 종업원을 자발적 의사에 따라 퇴직시키는 제도

ⅱ. 기업에 미치는 영향

유능한 인력의 조기퇴직시에는 경쟁력 저하, 인력의 그레샴 법칙

ⅲ. 종업원에 미치는 영향

인력감소로 인하여 업무부담이 증가, 조직분위기 위축으로 인한 동기저하

d. 보상의 동결 및 삭감

ⅰ. 의미

임금과 복리후생의 수준을 현행수준에서 고정시키거나 줄임으로써 자발적 이직을 유도

ⅱ. 기업에 미치는 영향

유능인력의 퇴직으로 인한 경쟁력 저하

ⅲ. 종업원에 미치는 영향

업무량의 증가, 업무동기의 저하, 물가상승시 실질임금 저하로 인한 생활수준 하락 등으로 인한 문제

e. 해고

ⅰ. 의미

기업의 의지에 따라 종업원이 반강제적으로 기업을 떠나는 것

ⅱ. 기업에 미치는 영향

인건비 절감효과, 경쟁력 약화와 노사관계 악화

ⅲ. 종업원에 미치는 영향

추가해고에 대한 불안감, 직무불만족으로 인한 생산성 저하, 퇴직 종업원 입장에서는 생계의 문제와 정신적 고통

3) 방출수단으로서의 구조조정

① 의의

구조조정은 흔히 규모 축소, 즉 조직구성원 수의 감소

② 구조조정의 유형

원가 절감형 구조조정, 조직 통폐합형 구조조정, 시스템 변신형 구조조정

③ 규모축소의 기준

효율성 원칙, 형평성 원칙

④ 구조조정의 효과

원가절감, 매너리즘 탈피, 긴장감과 도전의식 고취를 통한 조직활력 증가, 승진기회의 증가

4) 방출시의 유의사항

전략목표와 정렬(alignment), 종업원을 포함한 이해관계자와의 협력을 추구

| 2 | 방출관리의 실제

1) 의미와 종류

고용관계를 단절하고 그를 외부노동시장으로 방출

① 해고

a. 의의와 사유

사용자측에서 행하는 고용계약의 해지, 최후의 징계수단

b. 유형

정리해고, 징계해고, 통상해고

c. 주의사항

해고근로자의 수를 최소화하기 위해 노력, 경영방침이나 작업방식의 합리화, 신규채용의 금지, 일시 휴직 및 희망퇴직의 활용, 유·무급 휴직의 실시, 직업재훈련, 교대근로제로의 전환, 배치전환 및 전근 등의 인사조치

② 조기퇴직

a. 의의와 취지

제2의 인생을 시작할 수 있도록 기회를 제공하는 동시에 조직내 인력과잉과 이에 따른 경력정체현상을 인원감소를 통해 완화하고자 하는 제도

b. 특징

종업원이 조기퇴직신청서를 제출하고 회사가 이를 인정, 퇴직금 외에 특별가산금을 지급, 전직이나 창업을 지원, 종업원의 자율적 선택

c. 장점

인사적체 및 승진정체 해소, 조직활성화, 인건비 절감, 인력충원의 유연성을 제고, 기업의 사회적 평판이 향상

d. 단점

인적자원의 그레샴 법칙, 퇴직금을 조기에 지불해야 한다는 부담, 기업경쟁력의 훼손, 업무량이 증가, 심리적·정신적 부담, 노사관계에 있어 불신과 갈등, 윤리적 문제

2) 부작용

직접적으로 발생하는 비용, 간접적 비용

① 종업원의 행위상 부작용

심리적 불안감, 생산성이 저하

② 조직차원에서의 부작용

자발적 이직이 늘어날 가능성 역시 높아짐,
여유자원(slacks)의 부족으로 인한 경영의 전략적 마비증상(paralysis)을 유발, 기업이미지에도 악영향

3) 방출공정성의 확보

① 대상자 선정의 공정성

객관적이고 합리적인 기준에 따라 해고대상자를 선정, 사용자의 입장, 노조, 선임권(연공, seniority)

② 절차의 공정성

소극적 의미의 절차공정성(노동법상에 규정되어 있는 정리해고의 요건 및 절차를 준수), 적극적 의미의 절차공정성(노사 간에 기업의 경영방침과 전략 및 경영환경변화에 대한 소통을 활성화)

4) 방출 지원수단의 확보

퇴출자에 대한 지원수단으로서의 아웃플레이스먼트,
잔류자에 대한 지원수단으로서 인플레이스먼트

① 아웃플레이스먼트(outplacement)

a. 의의

인생설계 프로그램이나 재취업을 위한 전직 및 창업교육을 실시

b. 중요성

정보비대칭(information asymmetry)의 극복,
고용가능성(employability)을 증진

c. 등장배경

해고자의 새로운 생업 수단을 확보,
기업측과 잔류자의 죄의식을 경감

d. 실시단계

충격완화 단계, 개인에 대한 종합적인 평가단계,
교육훈련 단계, 추가지원 단계

e. 성공요인

구성원의 능력과 자격, 개인별 선호와 적성, 그리고 시장상황과 기업 환경 간에 공통영역이 확대

f. 효과

기업 차원(추가적 비용부담을 줄일 수 있으며, 경쟁력을 제고), 종업원 차원(심리적·정서적 갈등과 혼란을 조기에 극복, 필요한 능력을 개발), 국가경제 차원(사회적으로 유능한 인력의 손실을 막을 수 있고, 인적자원의 적절한 재배치와 활용이 가능)

g. 한계

ⅰ. 획일화된 집체교육으로 실시될 경우 서비스의 실효성이 저하
ⅱ. 생계수단을 마련해 주는 교육에 그치는 경우
ⅲ. 사회적 이미지 제고 수단으로만 활용되는 경우

② 인플레이스먼트(inplacement)

퇴출자가 아닌 잔류자를 대상으로 새로운 경력관리를 지도하며 교육훈련 및 기타 지원을 실시하는 정책

PART Ⅳ 전략

CHAPTER 8 고용관계관리

단원개요

- 고용관계론
  - 고용관계의 일반이론
    - 사회적 교환과 고용관계
    - 심리적 계약
    - 인적자원 아키텍쳐
    - 인적자원의 유연화
    - 성과주의 인사관리
    - 몰입형 인사관리
  - 노사관계관리론
    - 노사관계의 개념
    - 노사관계시스템
    - 노동조합과 단체교섭
    - 노동쟁의
    - 경영참가

제1절 고용관계관리의 일반이론

HUMAN RESOURCE MANAGEMENT

|1| 고용관계관리의 개념과 내용

1) 고용관계의 의미

구성원과 조직체 간의 관계

2) 조직과 구성원의 교환관계

고용관계는 조직과 구성원 간의 교환관계, 버나드(Barnard), 고용관계는 사회적 교환(social exchange)의 일종

구성원의 비용 : 시간과 노력의 희생 = 조직의 이익
조직의 비용 : 보상과 혜택의 제공 = 구성원의 이익

|2| 심리적 계약

1) 개념

루소(Rousseau), 심리적 계약(psychological contract), 교환관계 속의 누군가가 자신의 공헌에 상응하여 상대방으로부터 무엇을 대가로 받을 수 있을 것인지를 예상하는 일종의 믿음

2) 중요성

규범적 몰입(normative commitment),
정보화와 지식경제화 추세

3) 심리적 계약의 유형

① 성과규정의 명확성과 시간개념(단기-장기)에 의한 구분

성과규범(performance norm), 시간지평(time horizon)

a. 관계모형(relational model)

가족적 고용형태

b. 균형모형(balanced model)

동반자적 고용형태

c. 전이모형(transitional model)

임시적 고용형태

d. 거래모형(transactional model)

계약적 고용형태

② 계약의 적용범위에 의한 구분

a. 포괄적 계약

계약 관계가 경제적 영역을 포함한 개인의 삶 전반에 걸쳐 형성, 외환위기 이전의 한국식 고용관계

b. 제한적 계약(한정적 계약)

특정 영역(주로 경제적 측면)에 국한된 계약,
우리나라의 최근 고용관계가 이에 해당

그림 8-1 심리적 계약의 유형

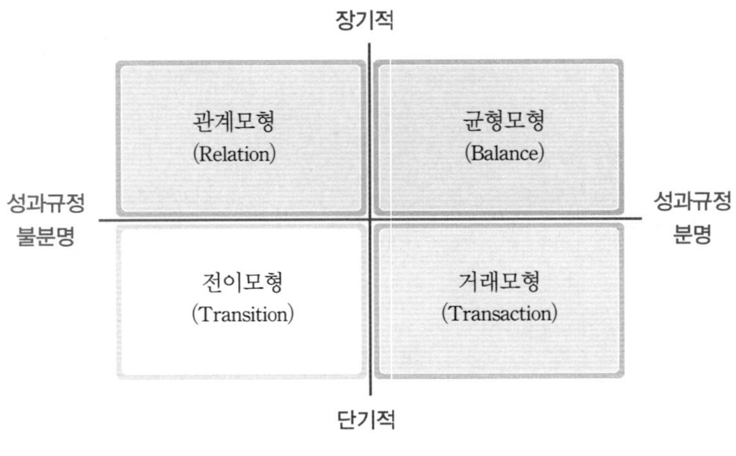

4) 심리적 계약의 증진방안

동반자 의식의 고양 및 종업원에 대한 배려, 즐겁게 일하는 풍토를 조성, 직장생활과 종업원의 개인생활 간에 조화를 중시, 종업원의 경력개발에 우선적 관심, 최고와 함께하는 자부심(pride in top)을 느끼게 하는 것

| 3 | 인적자원 아키텍쳐

1) 구성형태와 HR 아키텍쳐의 개념

인사관리의 구성형태라 함은 인사관리를 구성하는 개별 제도(practice)들이 전체적으로 강하게 통합되어 하나의 방향을 지향하는 것, 레팍과 스넬(Lepak & Snell),
HR 아키텍쳐(HR architecture)

① 가치

전략적 가치(기업의 이해관계자들에게 비용 대비 큰 효용을 주는 성질)를 의미

② 독특성

인적자원이 회사 특정적(firm-specific)인 지식이나 정보를 가지고 있거나, 그 역량을 특유한(idiosyncratic) 방식으로 적용할 필요가 있는 성질, 즉 대체불가능한 속성을 가지는 경우

2) HR 아키텍쳐와 내부 · 외부노동시장

내부육성(Make, 통제는 쉬우나 유연성은 떨어짐),
외부고용(buy, 유연성은 높지만 직접통제가 어려움)

3) 인적자원의 유형별 관리방법

① 지식기반 고용

조직의 핵심역량에 직접적으로 기여를 하는 구성원에게 적합한 구성형태, 몰입형 인사관리

② 직무기반 고용

채용은 하지만 독특성은 낮아서 장기적 관계를 가지기에는 용이하지 않은 인적자원에 적합한 구성형태,
시장형 인사관리

③ 제휴-파트너십 고용

조직내의 인적자원으로 활용하지는 않지만 독특성이 높아서 기업과 장기적이고 지속적인 협력을 하는 사람들에게 적합한 구성형태, 협력형 인사관리

④ 계약업무방식

전략성(가치)과 독특성이 모두 낮은 사람들을 관리하는데 적합한 구성형태, 순응형 인사관리

그림 8-2 HR 아키텍처 모형

인적자원의 독특성 (Uniqueness, Firm-specific) \ 인적자본의 가치 (Value)	낮음(외부화)	높음(내부화)
높음 (관계적 고용)	**제휴-파트너십** • 비용대비 전략적 가치 小 ➠ 외부화 • 장기적 관계 구축 • 협력형(collaborate) 인사관리 • 사례 : 기업자문교수, 변호사 등	**지식기반고용** • 기업의 전략적 가치 창출 ➠ 내부화 • 내부개발을 통한 장기적 관계 구축 • 몰입형(commitment) 인사관리 • 사례 : 장기적 고용을 하는 핵심인재
낮음 (거래적 고용)	**계약업무방식** • 독특성과 전략적 가치 小 ➠ 외부화 • 단기 계약 중심, 아웃소싱을 주로 함 • 순응형(compliance) 인사관리 • 사례 : 계약직 직원, 인턴 등	**직무기반고용** • 비용대비 전략적 가치 大 ➠ 내부화 • 외부노동시장에서 인재를 획득 • 공생관계/시장형 모델(개인경력주의) • 사례 : 단기고용을 하는 일반 종업원

4) 이론의 시사점

① 인사관리시스템의 보편론에 대한 비판논리 제공

② 인적자원의 유형별 관리방안 제시

③ 지속적 경쟁력 확보 방안 제시

5) 결론

각 기업의 인력구조를 기업의 핵심역량 제고를 위하여 적합한 형태로 설계해야 하며, 각각에 맞는 인사제도를 운영하여야 함, 상황론

| 4 | 인적자원의 유연화

1) 개념과 등장배경

급변하는 경영환경에 적극적으로 대응할 수 있도록 탄력적으로 조직과 인적자원의 관리활동을 수행, 인적자원의 유연화, 오일 쇼크, 1997년 외환위기, 노동시장의 유연성 문제가 크게 부각, 경기가 점차 회복되고 있음에도 고실업 구조가 장기화, 원인으로 지목된 것은 노동시장의 경직성

2) 유형

① 노동시장의 종류에 따른 구분

내부적 유연화(internal flexibilization, 노동력 수요 변화의 충격을 흡수하는 기제를 기업에 내부화), 외부적 유연화(external flexibilization, 고용조정의 기제를 기업 외부에서 찾는 것)

② 유연성의 획득수단에 따른 구분

수량적 유연화(numerical flexibilization),
기능적 유연화(functional flexibilization),
임금유연화(pay flexibilization)

3) 인사관리 유연화의 실천방안

① 수량적 유연화의 실천방안

기업의 인력수요 변동에 따라 신축적으로 고용수준을 조절하여 기업이 '필요로 하는 인력'과 '실제 고용된 인력'의 수를 일치시키려고 하는 전략

a. 유연근무시간제도

탄력근로시간제, 집중근무제, 선택적 근로시간제

b. 고용계약의 조정

파견근로, 임시직 고용, 아웃소싱

② 기능적 유연화의 실천방안

다기능화와 숙련형성 등을 통하여 업무수행의 유연성을 제고

a. 직무확대

b. 직무충실

c. 직무순환

③ 임금유연화의 실천방안

연공급이나 직무급에 의해 고정적으로만 지급되는 임금구조를 개인 혹은 집단의 능력과 성과에 연계하여 결정되는 임금구조로 전환

a. 개인 성과급

b. 집단 성과급

| 5 | 성과주의 인사관리

1) 등장배경과 의의

성과(performance)에 따라 보상을 받는 성과주의 시스템의 필요성이 대두

2) 성과주의의 의미와 구성요소

① 의미

모든 사고의 중심을 성과에 두고 경영활동을 전개하는 경영철학

② 구성요소

a. 공격적 확보관리

인재 전쟁(war for talent)

b. 성과와 연계한 차별적 보상

성과에 입각한 연봉제나 성과급제

c. 동기유발적인 유지관리

파격적인 교육기회, 승진의 기회

3) 성과주의 인사제도의 도입배경

① 1987년 민주화 전후의 변화

1987년 민주화가 이루어진 이후 노사분규가 표면화되고, 경제성장의 결실에 대한 노동자측의 성과배분압력이 강해져서 점차 임금이 인상되는 추세, 신인사제도의 도입과 함께 성과주의와 능력주의를 통해 전통적 연공주의를 보완

② 1997년 IMF 경제위기 전후의 변화

1997년의 외환위기, 전반적인 제도상의 변화, 기업 구조조정, 노동시장의 유연화, 정보통신의 발달, 지식기반사회의 발달, 고객욕구의 다양화, 세계화의 환경

4) 한국 인사관리 시스템의 변화양상

① 인사철학 및 기본관점의 변화

a. 심리적 계약상의 변화

외환위기 이전의 고용관계에서는 포괄적 계약관계, 외환위기 이후에는 주로 특정 영역(주로 경제적 측면)에 국한된 계약

b. 평생직장 개념의 변화

평생직장의 개념, 노동시장의 유연성제고에 대한 사회적 압력이 증가

c. 전체주의적 접근의 변화

단체협약, 개별고용협약(idiosyncratic deal, I-deal)

② 인력유동시스템의 변화

a. 채용방식의 변화

고/대졸 신입사원 공채, 수시채용을 활성화

b. 퇴직관리 방식의 변화

종신고용이 보장되던 시대에는 별도의 퇴직관리 시스템이 필요가 없음, 아웃플레이스먼트(outplacement) 내지는 전직지원프로그램의 확산

③ 직무관리 시스템의 변화

a. 계층구조의 변화

계층에 기반한 분업, 수평적인 조직구조

b. 직무범위의 변화

분업에 의한 전문화, 애드호크라시(adhocracy)

그림 8-3 한국 인사관리 시스템의 변화양상

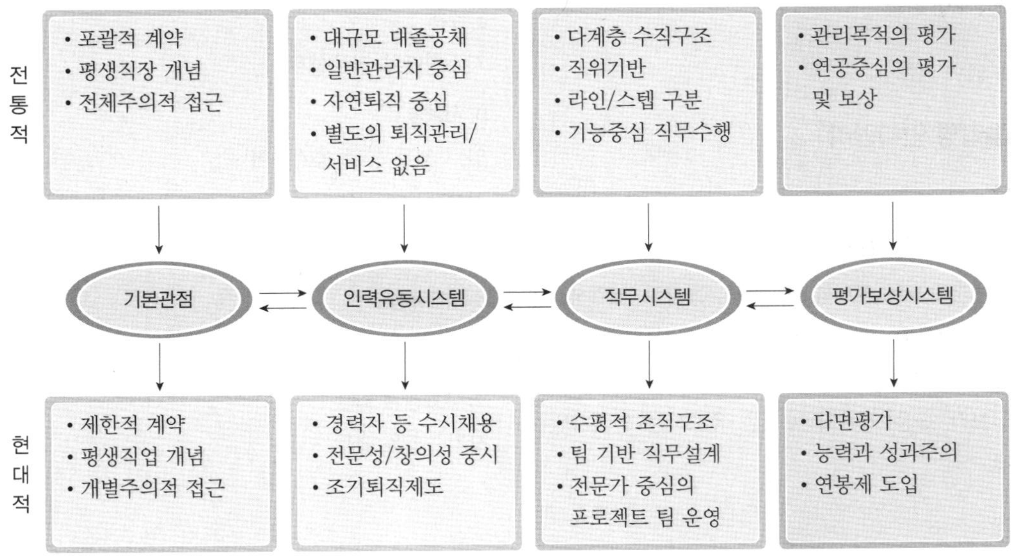

④ 평가 및 보상시스템의 변화

a. 평가시스템의 변화

관리목적의 평가, 종업원의 능력개발에 기여

b. 보상시스템의 변화

연공급, 직능급이나 역량급

5) 성과주의 인사제도의 효과와 부작용

① 효과

a. 다양한 인력의 탄력적 활용

b. 우수인재의 확보 · 유지를 통한 고용가능성 증대

c. 동기부여 및 재무성과 향상에 기여

② 부작용

a. 단기재무성과에 집착

b. 협력 저해

c. 평가에 대한 불신

6) 성과주의의 바람직한 발전 방향

① 장기적 관점의 인재 역량강화

② 과도한 경쟁의 방지

③ 평가제도의 개선

④ 구성원의 참여

⑤ 내재적 보상 강화

| 6 | 몰입형 인사관리

1) 의의

몰입형 업무시스템(High Involvement Work System, 몰입형 인사관리 또는 몰입형 HR관행), 고성과 작업시스템(High Performance Work System), 노사간 협력과 신뢰에 기반하여 구성원들의 자발적 참여와 헌신을 유발함으로써 보다 높은 성과의 달성을 유도하는 인적자원관리 관행

2) 등장배경과 근거이론

① 일본식 인적자원관리 모델

종신고용제와 연공형 승진 및 보상제도의 실시

② 사회 · 기술 시스템모델

수평적 조직구조와 광범위한 임파워먼트가 성과실현에도 도움

③ 전사적 품질관리 모델

일선 작업자들에게 권한을 위임함으로써 최고의 품질을 추구

3) 몰입형 인사관리(HPWS)의 특징

인적자원을 통한 경쟁력 향상, 구성원들의 정서적 몰입

4) 몰입형 인사관리의 구성요소

신중하고도 까다로운 채용관행, 구성원들로 하여금 자율권을 가지고 현장의 주요한 의사결정에 참여하는 것을 촉진하는 관행, 커뮤니케이션 활성화, 교육훈련 및 인적자원 개발에 대한 투자와 그 결과 다양한 프로그램의 제공, 성과와 연계된 인센티브의 제공, 평등주의적 관행

5) 몰입형 인사관리와 전통적 통제형 인사관리의 차이점

통제형 인사관리(control-based HRM)

① 직무설계

a. 수준

시스템단위 직무설계

b. 지향성

일 자체를 통한 동기부여

c. 책임소재

팀 단위의 책임

d. 직무규정

직무규정은 상당히 포괄적이고 유연한 속성

② 고용관계 일반

장기근속을 유도

③ **보상정책**

a. 임금체계

기술급이나 지식급 또는 역량급

b. 임금형태

집단 인센티브

④ **직원참여**

a. 참여영역

광범위한 사안에 걸쳐 직원들의 참여를 독려

b. 정보제공

종업원에게 상당한 수준의 정보에 대한 접근권을 부여

⑤ **노사관계**

노사 상호의존성에 기반한 협력적 · 호혜적 노사관계

6) 몰입형 인사시스템 구축 시 유의사항

경영자의 직원들에 대한 인식전환, 기회주의적 행동에 대한 제제, 단기적 시야의 극복, 시스템적 사고

제2절 노사관계관리

| 1 | 노사관계관리의 의의와 역사

1) 의의

조직에서의 종업원(노동자)과 관리자(사용자) 간의 제 관계에 대한 관리기능

2) 노사관계의 양면성

대립, 협력, 경제적 관계, 사회적 관계, 종속관계, 대등관계

3) 노사관계시스템

① **이론의 의의**

미국의 던롭(Dunlop)에 의해 제안된 노사관계(고용관계) 분석의 기본 모형, 노사관계를 다양한 이해관계자들의 다양한 행동법칙(rules)과 규범(norms)으로 설명하는 접근

② **노사관계의 주체**

a. 근로자와 근로자조직

근로자와 그들의 연합체인 노동조합, 각종 비공식조직

b. 사용자와 사용자조직

중간관리층, 최고경영자, 소유주(owner), 경영자단체

c. 정부와 각종 단체

정부의 각종 기관, 국제조직, 비정부조직

그림 8-4 노사관계시스템의 구성

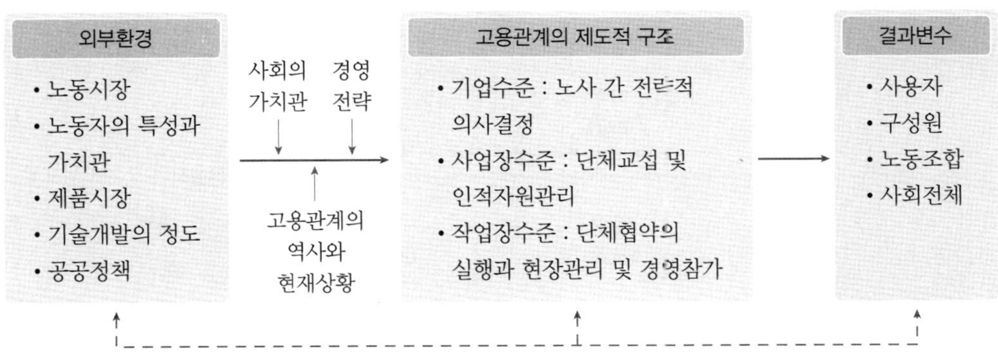

③ **노사관계의 환경요인**

노동시장, 노동자의 특성과 가치관, 제품시장, 기술개발의 정도, 공공정책

④ **노사관계의 제도적 구조**

노사정 주체들은 작업현장이나 노사관계에 관한 각종(성문 또는 불문) 규칙(㉔ 단체협약문 등)을 제정, 규칙의 망(web of rules)

⑤ **노사관계시스템 이론의 특징과 시사점**

당사자(勞·社·政)의 전략적 선택, 고용관계의 분석수준을 세 수준(기업, 사업장, 작업장)으로 구분

4) 노사관계의 역사

① **전제적 노사관계**

명령과 복종의 원칙이 지배하던 주종관계

② **온정적 노사관계**

인간적이고도 가족주의적인 노동관행이 확산

③ **근대적 노사관계(완화적 노사관계)**

법에 의한 합리적 노동관행이 정착

④ **민주적 노사관계**

단체교섭의 활성화와 산업민주주의

|2| 노동조합·단체교섭·노동쟁의

1) 노동조합

① **의의**

종업원(근로자)의 근로조건을 유지·개선하고 사회적 생활수준을 향상시키는 것을 목적으로 하여 자주적으로 결성된 항구적 단체

② **노동조합의 이데올로기**

a. 경제적 노동조합주의(business unionism)

자본주의 체제를 인정하고 시장경제 체제 하에서 노동조합원의 임금 등 노동조건의 개선을 노조의 가장 직접적이며 중요한 목표, 미국의 AFL-CIO, 일본의 렌고(連合) 및 한국의 한국노총

b. 사회주의적 노동조합주의(social unionism)

사회민주주의를 선호하며, 선거 등의 정치적 수단을 통하여 사회체제를 점진적으로 변혁, 핀란드, 스웨덴의 LO, 한국의 민주노총

c. 혁명적 노동조합주의(revolutionary unionism)

정부와 자본주의 체제를 전복시키고, 공산주의나 무정부주의 등 소위 '새로운 사회'를 건설하는 것을 목표, 프랑스노동총연맹(CGT)

③ **노동조합의 등장배경 : 직무불만족과 노조의 수단성**

a. 직무불만족과 그 결과

능동적-수동적 표출행동, 파괴적-건설적 표출행동

그림 8-5 직무불만에 대한 반응

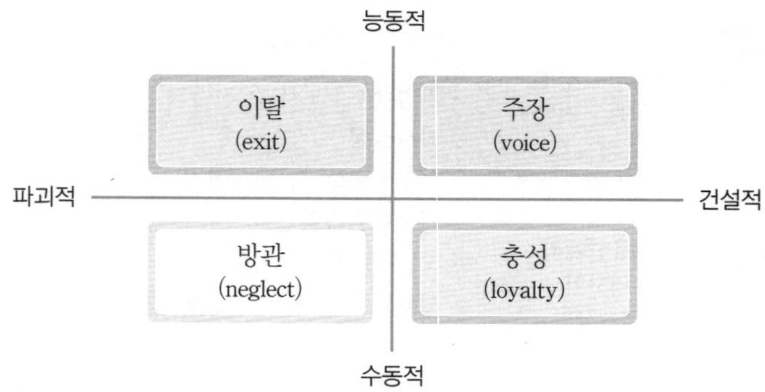

i . 이탈(exit)

조직을 떠나려는 행동

ii . 주장(항의, voice)

상황의 개선을 위해 문제를 제기하고 항의하는 등의 건설적이고 능동적인 시도, 프리만과 메도프(Freeman & Medoff, 1984), 주장은 정보 공유의 기능을 통해 고용자와 피고용자간의 정보 비대칭을 해소하고 양방향 커뮤니케이션을 가능하게 하는 효과

iii. 충성(loyalty)

낙관적으로 상황이 개선되기를 기다리는 것으로서, 외부의 비판에도 불구하고 조직에 대한 신뢰

iv. 방관(태만, neglect)

상황이 악화되는 것을 수동적인 태도로 허용하는 행위

b. 노조의 수단성

$$노조화 = f(직무불만족, 노조의 수단성)$$

직원들의 직무불만족이 높고 노동조합이 이를 해소할 수 있다고 믿을 때 노조화의 가능성이 증가

④ 노동조합의 기능과 역할

a. 순기능과 역기능

의사대표기능(collective voice)을 가지고 있어 궁극적으로 이직을 감소시키고 근로조건을 개선, 기업의 경제적 효율성을 제고하고 소득분배의 공정성도 보장, 순기능, 불필요한 분규의 발생, 소득분배의 불균형, 집단이익을 위해 사회적 이익을 희생, 역기능, 구성원들의 의사를 독점적으로 반영하는 과정에서 이를 왜곡

b. 노조의 전통적 3대 기능

i . 경제적 기능

임금수준의 인상과 근로조건의 개선

ii . 공제적 기능

조합이 기금을 설치 · 운영

iii. 정치적 기능

국가나 사회단체까지도 협상 및 교섭의 대상

c. 노동조합의 현대적 3가지 기능

i . 기본 기능(제1차적 기능)

노동조합을 조직하고 그 조직을 유지 · 확장하는 기능

ii . 집행 기능(제2차적 기능)

노동조합이 결성된 후에 조합의 목적인 근로조건의 유지 및 개선을 위해 활동하는 기능, 단체교섭 기능(노동 3권 사용자측과의 교섭기능), 경제활동 기능(공제기능, 협동기능), 정치활동 기능(경제적 목적 달성에 있어 정치적인 활동의 전개)

iii. 참모 기능(제3차적 기능)

교육 및 선전활동(조합간부에 대한 교육과 일반조합원에 대한 교육, 뉴스레터, 사내신문 및 공식기관지의 발간과 홍보), 조사 및 연구활동(노동조합과 노동관계에 대하여 각종 자료수집과 분석 등을 담당하는 기능), 사회봉사 활동(노동조합도 사회와 긴밀히 협력, 지역사회에 봉사, 휴양시설을 설치, 장학사업)

그림 8-6 노동조합의 현대적 기능

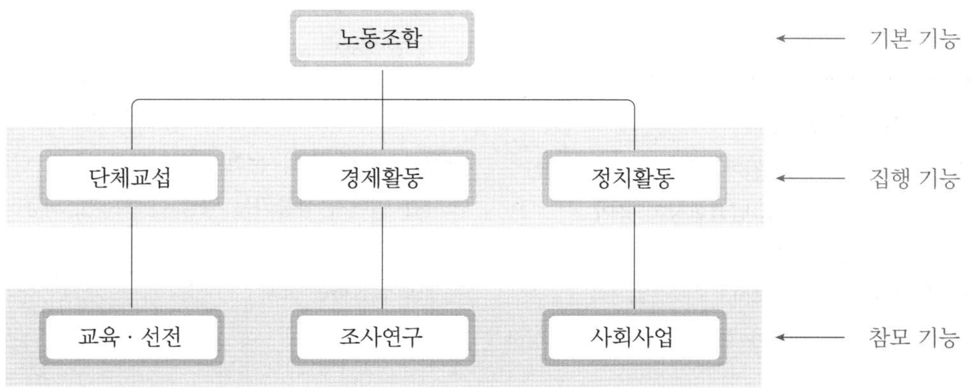

⑤ 노동조합의 조직강화수단

a. 숍(shop)제도

기업이 신규인력을 채용할 때 지원자의 신분과 관련한 노동조합과의 제 관계

ⅰ. 오픈 숍(open shop)

노동조합의 가입 여부에 관계없이 채용,
무임승차(free-riding)

ⅱ. 클로즈드 숍(closed shop)

인력을 선발하거나 채용할 경우 조합원 중에서만 고용하도록 하는 제도

ⅲ. 유니온 숍(union shop)

취업 후 일정기간(예 견습·수습 기간)이 경과하면 본인의 의사에 관계없이 노동조합에 자동적으로 가입하게 되는 제도

ⅳ. 기타 숍 제도

에이전시 숍(agency shop),
프레퍼렌셜 숍(preferential shop),
메인터넌스 숍(maintenance shop)

b. 체크오프(check-off) 제도

조합비의 일괄공제제도

⑥ 노동조합의 형태

a. 단일조직과 연합체조직

ⅰ. 단일조직(unitary organization)

개별 근로자가 개인 가입의 형식을 취하는 노동조합

ⅱ. 연합체조직(federation)

노동조합이 그 영향력 강화를 위하여 국가단위나 국제단위로 연합하여 형성하는 조직체, 국제노동조합연합(ITUC)

b. 조합원의 자격에 따른 단일조직의 형태 구분

ⅰ. 직업별 노동조합(craft union)

동종의 직업을 가진 노동자들간에 형성되는 노동조합,
단결력이 강하고, 단체교섭 및 임금협상이 용이,
직업과 직종에 의해 배타적이고 독점적인 속성

ⅱ. 산업별 노동조합(industrial union)

동일산업에 종사하는 근로자가 회사에 관계없이 결성하는 노조, 해당 산업 내에서 기업간 교섭력을 통일할 수 있다는 장점, 직종간, 그리고 단위기업간 상충되는 이해관계로 인하여 응집력이 약화될 수 있다는 단점

ⅲ. 기업별 노동조합(enterprise union)

동일기업에 종사하는 근로자들간에 결성되는 노동조합,
노동조합이 쉽게 어용화되거나 반조합화 될 가능성,
근로조건에 대한 조정과 조직내 공동체의식의 형성이 용이

ⅳ. 일반 노동조합(general union)

숙련도나 직종, 산업에 관계없이 일반근로자를 폭넓게 규합하는 노조, 일반노조의 주된 통제수단은 입법규제, 내부 단결의 강도가 떨어져 단체교섭력이 약하다는 특징

2) 단체교섭

① 의의

근로자의 임금이나 근로시간 및 그 밖의 근로조건에 관한 협약의 체결을 위해 집단적 타협을 모색하고 또 체결된 협약을 관리하는 절차와 행위, 영미식의 시장경제적 이해관계조정모델

② 단체교섭제도의 성격

단체교섭은 노사간 교섭력(bargaining power)을 중심으로 진행

$$\text{조합의 교섭태도} = \frac{\text{사용자에 동의하지 않음으로 인한 비용(cost)}}{\text{사용자에 동의함으로 인한 비용(cost)}}$$

$$\text{사용자의 교섭태도} = \frac{\text{노조에 동의하지 않음으로 인한 비용(cost)}}{\text{노조에 동의함으로 인한 비용(cost)}}$$

단체교섭에서 힘의 논리가 일정부분 개입, 단체교섭은 노사간 이해가 상충되는 임금, 근로조건, 노동시간 등에 대한 협상, 산업민주주의를 정착시키고 노사분규에 따른 손실을 절감하는 효과

③ 유형

a. 기업별 교섭

기업별 노조와 사용자 간에 단체교섭, 개별기업의 특수성이 교섭내용에 잘 반영, 노조의 교섭력이 사용자에 비해 취약

b. 집단교섭

복수의 단위노조와 복수의 사용자, 단위노동조합들이 교섭력을 보강하기 위하여 집단을 형성함으로써 이와 같은 교섭방식을 취함

c. 통일교섭

연합노조와 이에 대응하는 산업별, 지역별 사용자단체 간의 교섭, 노조측의 협상력이 강하다는 장점, 협상 결렬 시 파업 참가대상이 한 국가의 특정산업조합원 전체가 되므로 국민경제 전반에 미치는 손실이 지대

d. 대각선교섭

단위노조가 소속된 상부단체(예 산별노조나 지역별노조)와 개별 사용자, 사용자단체가 조직되어 있지 않거나, 조직되어 있더라도 각 기업에 특수한 사정이 있을 경우에 사용

e. 공동교섭

기업별 단위노조 또는 지역별 단위노조가 그 상부단위 노조와 공동으로 참가하여 기업별 사용자측과 교섭, 유형교섭(pattern bargaining)

④ 우리나라에서의 산별교섭 현황과 기업의 대응

a. 산별교섭의 대두

1997년 경제위기 이후 노동조합의 조직구조가 기업별 노동조합에서 산별노동조합으로 전환하는 추세

b. 한국에서 산별노조의 발생 배경

외환위기와 금융위기 등의 경제적 충격 이후 노동자들이 기업별 노동조합의 한계를 의식, 노동법의 개정으로 그 동안 산업별 노동조합의 결성을 제약하던 요인이 사라짐, 제3자 개입금지 조항, 정부와 사용자를 대상으로 하는 교섭력을 회복하기 위하여 산별노조의 결성이 노동계 차원에서 추진

c. 산별교섭의 장점과 단점

통일된 교섭결과를 도출, 압력단체로서의 교섭력을 확보, 직종 간의 이해대립과 반목, 사회적 교섭비용이 증가

d. 산별교섭에 대한 기업측의 대응방안

교섭전제조건에 대한 논의를 먼저 진행, 산별교섭에서 다룰 수 있는 내용범위를 정해야 함, 적극적으로 개별기업 차원에서 단체교섭을 추진하도록 노력

그림 8-7 단체교섭의 유형

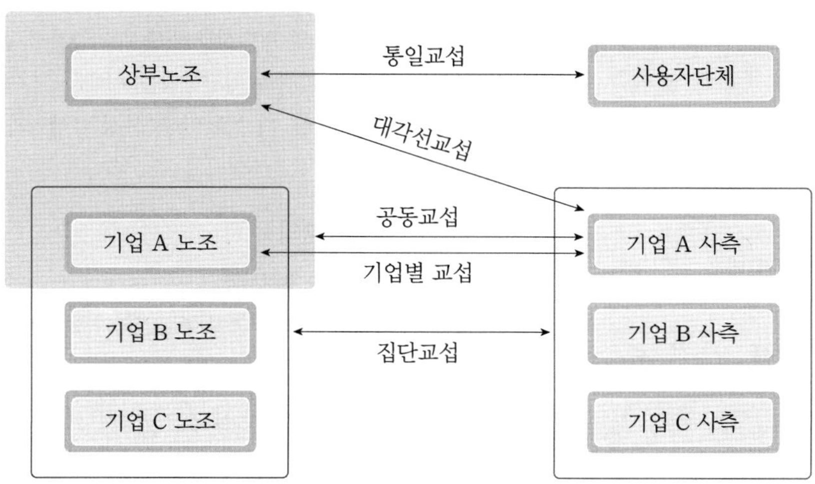

⑤ 단체교섭제도의 구성

a. 협약체결

ⅰ. 교섭준비

평상시의 활동을 통해 조합원들의 요구나 불만사항을 파악하는 것이 필요

ⅱ. 예비교섭

예비교섭에서는 본 교섭의 일정, 교섭장소, 본교섭에서 다룰 안건들의 우선 순위, 쟁의조정제도의 활용 등에 대한 합의가 필요

ⅲ. 본 교섭

노동조합측의 교섭요구안과 사용자측의 제1차 제안은 향후 교섭진행에 매우 중요한 의미

ⅳ. 마무리교섭 및 타결

본교섭에서 상당한 진전은 있었으나 핵심적인 쟁점사항에 대한 교섭이 공전상태에 들어가는 시점부터 시작, 막후교섭

ⅴ. 교섭의 평가

교섭과정상에 나타난 문제점을 노사 모두 정리하고 교섭과정의 평가서를 만들어 다음번의 협상에 자료로 이용

b. 협약관리

고충처리제도와 중재제도 및 쟁의제도

⑥ 단체협약

a. 개념

노동조합 또는 그 연합체와 사용자 또는 사용자단체간에 체결되는 집단적 근로관계에 관한 계약

b. 성격

ⅰ. 형식면

합의의 성격

ⅱ. 내용면

규범적, 채무적, 조직적 내용

ⅲ. 사회면

노사간의 대립과 분쟁을 잠정적으로 중지

c. 기능

ⅰ. 근로조건의 개선기능

개인 근로자와 사용자 사이의 교섭에서 기대할 수 없는 보다 좋은 근로조건의 확보에 도움

ⅱ. 산업평화의 기능

불필요한 분쟁을 피하고 산업평화를 유지시키는 기능

ⅲ. 경영안정화의 기능

단체협약은 유효기간 중에는 조합원인 근로자의 임금, 기타 급료, 근로조건 등 근로자의 대우에 관한 사항 등이 일정수준으로 유지 · 고정

ⅳ. 민주화 기능

단체협약의 우위성, 기업을 소유주의 전제(專制)에서 벗어나게 하고 민주적 운영방식을 제도화

d. 내용

ⅰ. 규범적 부분

'협약당사자가 아닌 개별조합원'과 사용자를 구속하는 속성, 노동조합 및 노동관계조정법 33조는 단체협약 중 "근로조건 기타 근로자의 대우에 관한 기준"에 대해서 규범적 효력을 인정

ⅱ. 채무적 부분

협약당사자(노동조합, 사용자, 사용자단체 등) 상호간의 권리와 의무를 규정하는 영역

ⅲ. 조직적 부분

노사의 공동기구 설치 등에 관한 조항

e. 단체협약시 주의사항

협약조항의 합법성과 타당성을 충분히 검토, 노조간부들의 관련지식과 자질향상을 위해 노력, 단체협약 자체의 고유기능을 바르게 이해, 분쟁의 예방과 해결방법을 구체화

3) 노동쟁의

① 개념과 고려사항

노사간 주장의 불일치로 인하여 발생한 분쟁상태

② 노사갈등의 기본 성격

a. 노사갈등에 대한 세 가지 관점

일원론(unitarism), 테일러(Taylor), 메이요(Mayo), 노사간에 갈등이라는 것은 근본적으로 존재하지 않는다는 시각, 마르크스(Marx), 급진적인 관점, 노사간의 갈등은 자본주의 사회에서 피할 수 없는 것이며 자본주의 발달에 따라 노사갈등은 더욱 격화, 다원론(pluralism), 신제도론(neo-institutionalism), 갈등은 필연적으로 발생, 노사갈등의 표출이 역설적으로 가진자와 못가진자의 긴장을 간헐적으로 해소

b. 노사갈등의 속성

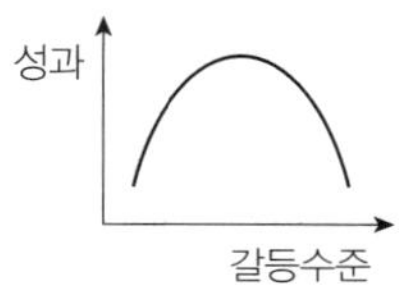

노동쟁의는 노사갈등의 일종이며 이는 이론적 개념상 갈등(conflict)의 한 유형, 적절한 수준의 갈등은 순기능을 가짐을 명심, 노사갈등의 불가피성(inevitability), 노사갈등의 다양성(variety), 노사갈등의 수용가능성(acceptability)

③ 쟁의행위의 유형

a. 노조측의 쟁의행위

ⅰ. 파업(strike)

집단적으로 노동의 제공을 거부하는 행위, 상대방(대개 사용자)의 태도를 바꿀 수 있음, 노조 내부의 일반조합원과 교섭대표자 간의 관계를 조정하는데 도움

ⅱ. 태업(soldiering)

근로자가 집단적이고 의도적으로 작업능률을 저하

ⅲ. 사보타지(sabotage)

의도적으로 생산설비를 파괴하는 행위

ⅳ. 불매운동(boycott)

사용자 또는 그와 거래관계에 있는 제3자의 제품구입이나 시설이용을 거절한다든가 그들과의 거래관계를 거절할 것을 호소하는 투쟁행위

ⅴ. 생산관리(생산통제)

노동조합이 사용자의 의사에 반하여 공장시설이나 원자재를 점유하고 사용자의 지휘·명령을 배제한 상태에서 기업을 경영

ⅵ. 피케팅(picketing)

근로희망자들의 사업장 혹은 공장 출입을 저지하고 파업참여에 협력할 것을 호소하는 행위

ⅶ. 준법투쟁(work-to-rule)

법 규정을 엄격하게 준수하거나 법 규정 그대로의 권리를 행사함으로써 그들의 주장을 관철시키고자 하는 쟁의행위

b. 사용자측의 쟁의행위

ⅰ. 직장폐쇄(lockout)

근로자를 직장으로부터 집단적으로 차단하고 근로자가 제공하는 노무를 총괄적으로 거부하는 쟁의행위

ⅱ. 조업계속

사용자가 파업에 참가하지 않은 조직구성원을 활용하여 조업활동을 계속하는 것

④ 쟁의해결을 위한 조정 및 중재의 의의

가급적 노사 쌍방의 노력과 대화에 의하여 쟁의를 사전에 방지하는 것이 필요, 냉각효과(chilling effect), 중독효과(narcotic effect)

그림 8-8 노동쟁의와 쟁의행위의 유형

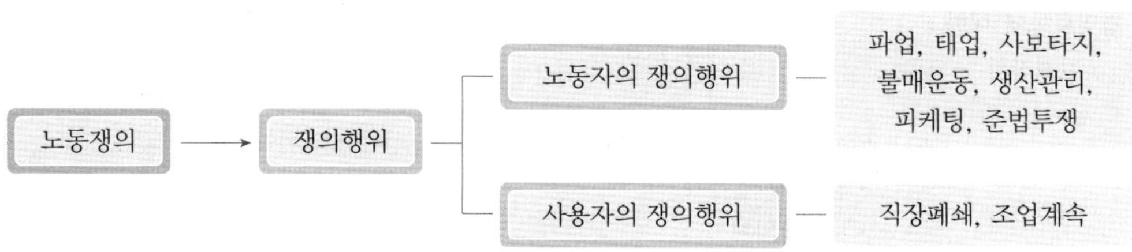

|3| 경영참가제도

1) 의의

기업경영상의 제반 문제에 대한 결정과 운영에 근로자 및 노동조합이 참여하여 그들의 의견을 반영, 독일식의 공동의사결정 중심모델

2) 필요성과 목적

노동의 인간소외(alienation)를 극복, 산업민주주의(기업 내 민주주의)를 실현, 노사 상호신뢰의 증진, 경영의 효율화, 생산성 향상에의 기여

3) 유형

① 결과참가

재산참가, 종업원지주제도(ESOP, employee stock ownership plan)와 스톡옵션(stock option)을 포함, 성과참가, 성과배분(gainsharing)과 이익배분(profit sharing)

② 과정참가

의사결정참가, 경영의사결정의 수준은 업무적, 관리적, 전략적 수준, 정보참가, 협의참가, 결정참가

a. 과정참가의 수준

ⅰ. 업무적 의사결정 수준에서의 경영참가

구성원의 재량권 확보와 직무만족감 증진에 목표

ⅱ. 관리적 의사결정 수준에서의 경영참가

구성원들이 작업집단에서의 의사결정과정에 영향력을 행사

ⅲ. 전략적 의사결정 수준에서의 경영참가

기업의 전체적인 전략적 정책이나 목표설정과정에서 근로자측이 영향을 미치는 모든 참여, 노사협의회, 공동결정제

b. 과정참가의 단계

ⅰ. 정보참가

경영에 관련된 모든 정보를 노사가 공유

ⅱ. 협의참가

노사 쌍방이 의견을 교환하며 토론하고 협의하는 과정

ⅲ. 결정참가

노사 쌍방이 협의하여 공동의사결정을 수행

c. 노사협의회제도

ⅰ. 의의

노사대표자들이 단체교섭의 대상 외의 문제, 즉 작업능률이나 생산성 등에 대하여 논의하는 합동 협의기구이며, 경영참가제도의 일종, 비노조 근로자대표제도(NER, non-union employee representation system)

ⅱ. 노동조합과 노사협의회의 차이점

사용자의 지원과 용인 아래 근로자 대표기능을 수행, 노사 간 공동 이해관계를 반영하는 조직, 협력적 관계를 전제

ⅲ. 노사가 협의하는 안건의 범위

기술 및 생산관련 사항, 고용 및 인사노무관련 사항, 경제적 사항, 기타 사항

ⅳ. 노사협의회의 기능과 역할

보고사항, 협의사항, 의결사항

표 8-1 경영참가의 유형

	경영관리과정에 대한 참가(과정참가)	경영관리결과에 대한 참가(결과참가)
경영활동에 대한 간접참가	(해당 없음)	재산참가(자본참가) • 종업원지주제(ESOP) • 스톡옵션(Stock Option)
경영활동에 대한 직접참가	의사결정참가(협의의 경영참가) • 공동의사결정제 • 노사협의체	성과참가(이익참가) • 성과배분계획(gainsharing) • 이익배분계획(profit sharing)

ⅴ. 노사협의회의 효용

거래비용(불완전한 정보 내지 정보의 비대칭성이 존재하는 상황에서 거래비용을 줄일 수 있는 기능), 외부경제(구성원들이 직접 비용을 지불하거나 관심을 기울여 해결하려고 하지 않는 공공재 내지 외부효과가 있는 서비스의 공급문제를 해소), 사용자의 기회주의적 행동을 차단함으로써 장기적으로 협력을 지속, 경영진 의사결정의 질을 높일 수 있음, 근로자 고충처리 기능을 담당

d. 공동결정제도

ⅰ. 의의

경영자가 어떤 중요한 사항을 전략적으로 추진하려고 할 때, 근로자 또는 노동조합을 기업의 의사결정과정에 적극적으로 참여

ⅱ. 기본이념 및 사상

가장 노동자의 참여강도가 강한 산업민주제도

ⅲ. 공동결정제의 구조와 운영 : 이중구조

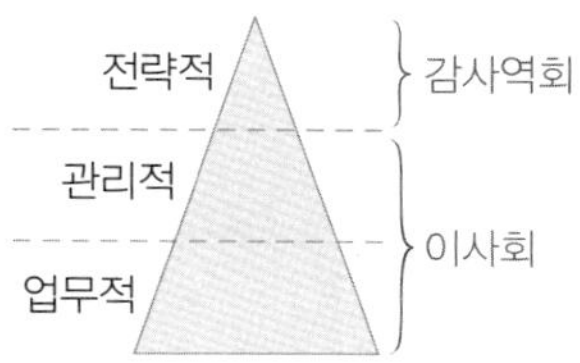

독일에서 유래, 전통적인 의사결정기구인 이사회(board)보다 상위에 감사역회(중역회)를 둠

4) 경영참가의 문제점

① 경영자측의 우려

경영권이 침해, 노동자의 지식이나 경험 및 판단력에 의문과 불신

② 노동자측 우려

노조의 기능이 유명무실, 노조의 협상력도 약화

| 4 | 고충처리제도

1) 고충처리제도의 개념

① 의미

개개의 조합원이 불편함이나 불만을 느끼는 경우 비교적 간단하고 신속한 절차에 의해 해결하는 것을 목적으로 하는 제도

② 고충의 원인·영향·징후

원인(적은 임금과 승진기회의 지연, 인사고과에 대한 불공정성 지각, 근로조건의 열악함, 업무부담), 영향(사기저하, 불평 및 불만, 노사갈등, 품질의 저하), 징후(작업계획의 차질, 빈번한 지각과 계획적 결근, 조직 내 갈등과 상사와의 불화, 작업의 기피)

③ 고충처리의 주요 방법

어떤 고충처리기관을 설치할 것인가 하는 것은 당사자의 자유로서 노사간의 협약 내지 협의에 의해 결정, 제3자에 의한 중재기관, 직접해결기관

2) 고충처리기구 및 절차

① 고충처리기구

분쟁 해결, 분쟁을 처리하기 위한 질서 확립, 조합의 역할 규정, 구속력 있는 결정에 도달할 때까지 단계적으로 항소할 수 있도록 허용

② 고충처리위원

「근로자참여 및 협력증진에 관한 법률」에서 모든 사업장에 고충처리위원을 두도록 규정

③ 고충처리절차

단체협약에 세부적인 규정을 마련

a. 고충처리의 제1단계

단체협약의 위반에 대해 불만이 있는 종업원이 그것을 고충으로 정식 제기, 일선감독자에게 문제제기, 조합위원을 통하여 제기

b. 고충처리의 제2단계

공장위원 혹은 기업위원을 통해 문제를 제기

c. 고충이 노사고위계층에서 해결되지 않을 경우

노조가 고충처리를 포기, 파업과 같은 실력행사, 제3자인 중재자에게 조정 의뢰

CHAPTER 9
전략적 인사관리

단원개요

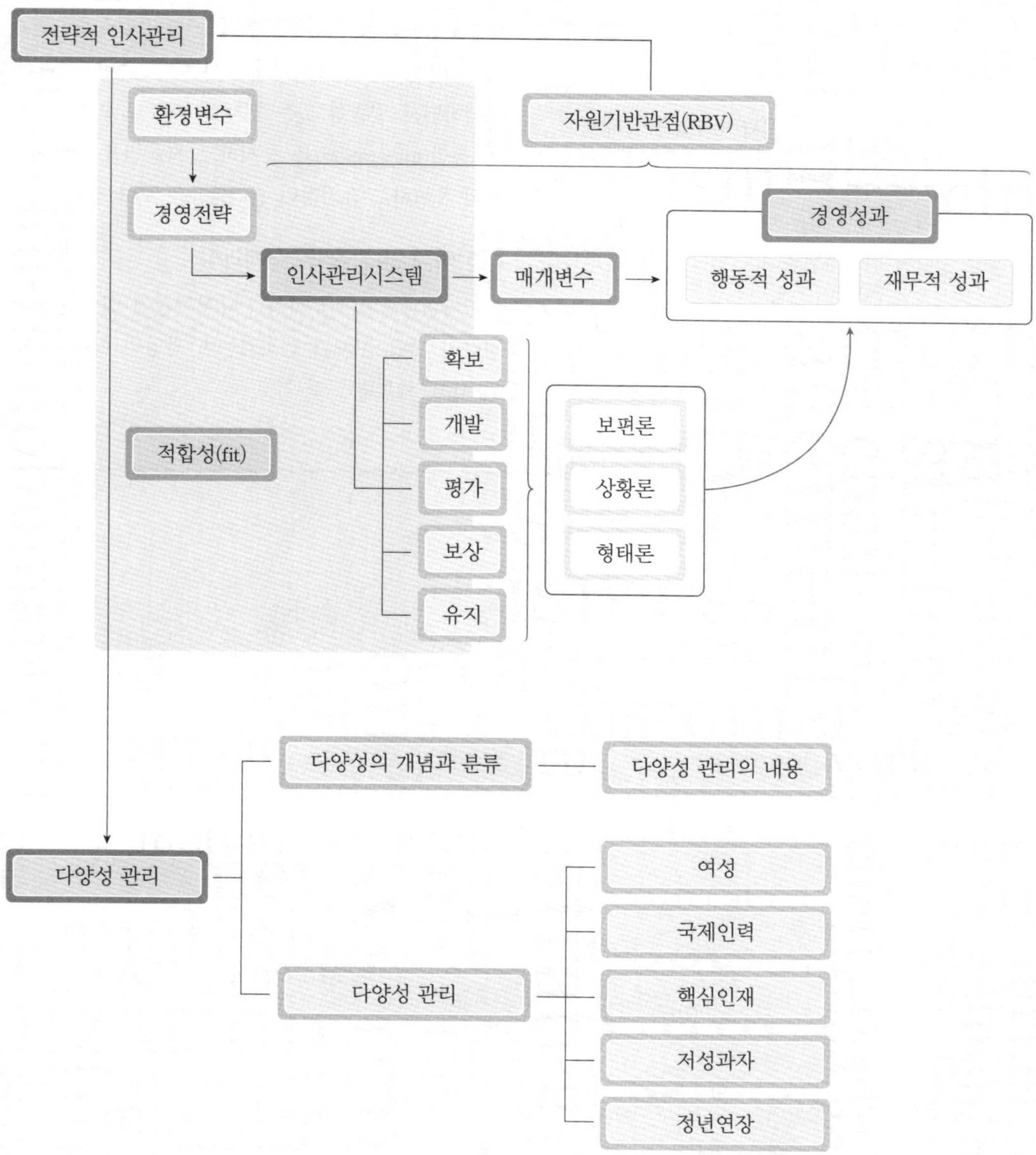
전략적 인사관리
자원기반관점(RBV)
환경변수
경영전략
인사관리시스템
매개변수
경영성과
행동적 성과
재무적 성과
확보
개발
평가
보상
유지
적합성(fit)
보편론
상황론
형태론
다양성 관리
다양성의 개념과 분류
다양성 관리의 내용
다양성 관리
여성
국제인력
핵심인재
저성과자
정년연장

HUMAN RESOURCE MANAGEMENT

제1절 전략적 인사관리

|1| 전략적 인사관리의 의의

1) 개념

조직의 전략과 연계되어 설계되고 운영되는 인적자원의 관리방식

2) 인사관리의 역사와 전략적 인사관리의 등장배경

① 인사관리의 발전과정과 전략적 인사관리

원시적 인사관리, 인사관리(personnel management), 인적자원관리, 전략적 인적자원관리(= 전략적 인사관리)

② 전략적 인사관리의 등장배경

1990년대 들어서 거시적 관점에서 조직전략을 인사관리와 연계한 전략적 인사관리에 대한 연구가 본격화, 인사관리가 경영효과성, 즉 기업성과를 높이는 조직경쟁력 일환

3) 전통적 인사관리와 전략적 인사관리의 비교

사람이라는 자원을 기업의 성장과 경쟁우위 확보를 위해 필요한 핵심적 요소, 전략적 동반자, 인적자원을 자산으로 보고 장기적 관점에서 구성원의 능력개발과 동기부여, 각각의 인사기능들을 서로 통합하여 종합적으로 분석하면서 일관성 있는 전체적 관리를 모색, 각 팀 간의 통합(integration)을 중시하고 자율권을 최대한 위임하여 유연하고 유기적인 관리활동을 보다 강조

4) 전략적 인사관리의 전개과정

인적자원관리의 외부환경과 내부환경에 대한 분석, 인사전략의 수립, 구체적 인사기능별 과업의 할당, 인사관리의 실천, 사후평가 및 검토

그림 9-1 인사관리 시스템에서의 적합성

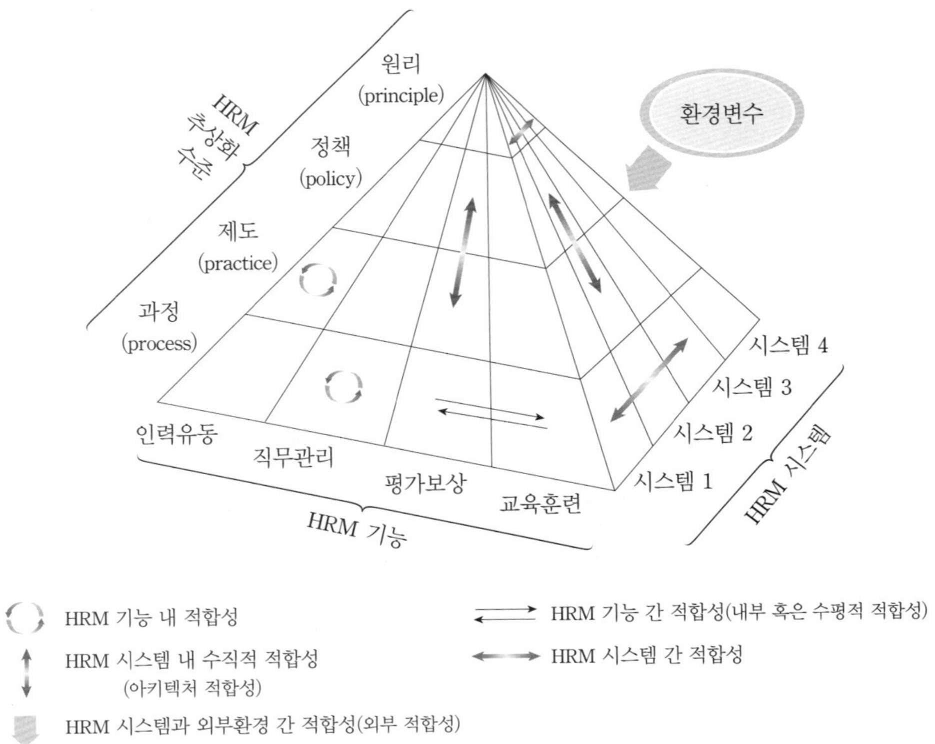

5) 특징

① 경쟁우위 원천으로서의 인적자원 강조

인적자원의 경쟁우위 비전을 추구, 경쟁우위의 원천이 기업 내부에 있는 인적자원

② 적합성의 강조

외부 · 유사 적합성(external and supplementary fit), 내부 · 보충 적합성(internal and complementary fit), 인사관리를 구성하는 특정 기능 내의 여러 활동 간 적합성, 인사관리를 구성하는 개별 기능(예 확보, 개발, 평가, 보상, 유지 등) 간의 유기적 연계, 인사관리시스템과 경영전략 간의 유기적 연계, 기업 내 복수의 HRM 시스템이 존재하는 경우 이들 간의 적합성, 전체 경영시스템과 외부환경 간의 유기적 연계

③ 유연성의 강조

복잡하고 역동적인 환경의 요구를 수용

|2| 전략적 인사관리의 접근법

1) 보편론적 접근법(universalistic approach)

특정 인사관리 제도가 조직의 특성이나 산업에 관계없이 보편적으로 효과가 있음, 페퍼(Pfeffer)

그림 9-2 전략적 인사관리의 접근법

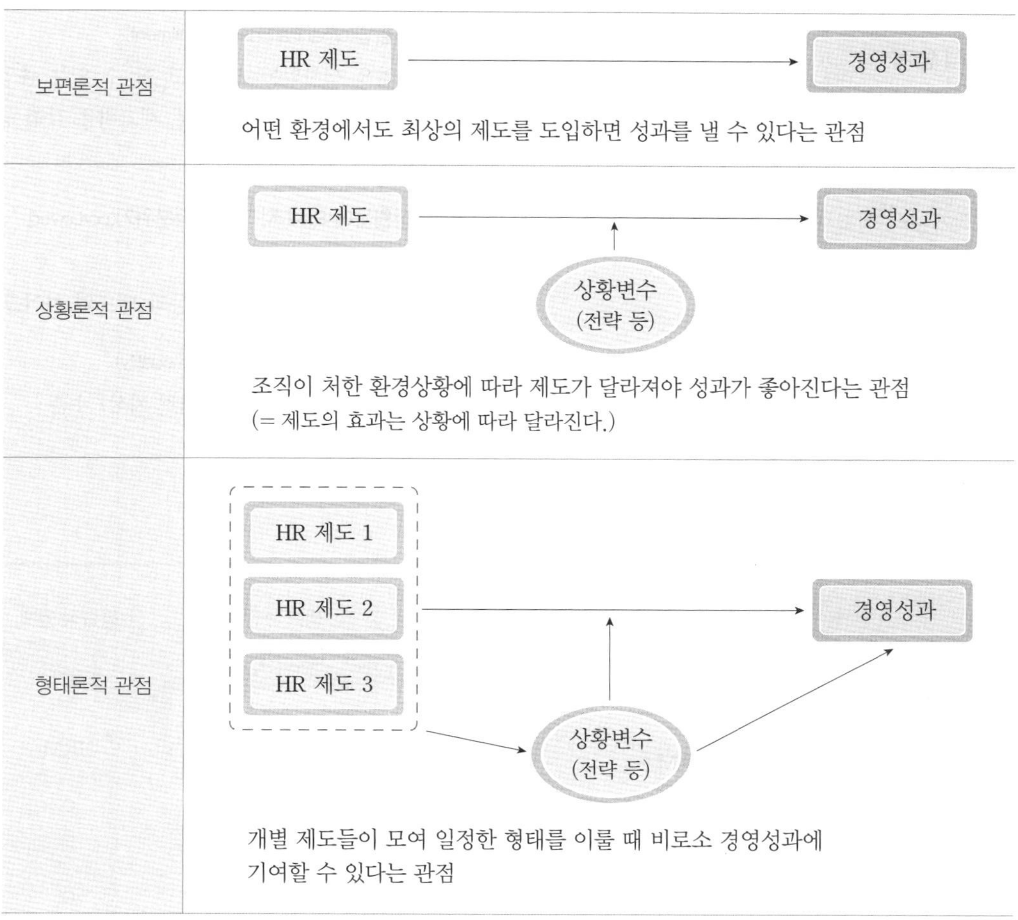

2) 상황론적 접근법(contingency approach)

인사관리 제도가 조직의 환경요소(내부환경요인인 경쟁전략을 포함) 등과의 적합성(fit)이 있을 때 성과가 높음

3) 형태론적 접근법(configuration approach)

인사관리의 개별제도들이 모여서 일정한 구성형태(configuration)를 만들 수 있고, 이 형태를 제대로 갖추게 되면 성과가 좋을 것

| 3 | 인사관리와 전략계획의 연계

전략결정과 인적자원관리 간 연계수준은 기업마다 차이

1) 관리적 연계

사업전략계확과 인적자원권리가 별개

2) 일방적 연계

기획부서가 전략계획을 수립하고 이를 인사부서에 알림

3) 쌍방적 연계

전략계획기능과 인적자원관리기능이 쌍방적으로 연계되어 상호 영향

4) 통합적 연계

인사부서와 전략부서가 동시적이고 계속적인 상호작용을 수행

| 4 | 인사관리와 경영성과 간의 관계 : HR을 통한 성과증진

1) 이론적 근거 : 자원기반관점

자원기반관점(RBV, resource-based view), 고용시스템과 같이 복잡한 사회적 구조를 가지고 있는 인사관리는 경쟁기업들이 모방하기 어렵고, 희귀하고, 이동이 쉽지 않기 때문에 경쟁우위를 제공하는 중요한 원천

2) 성과의 유형

재무적 성과(financial performance),
행동적 성과(behavioral performance), 인적자원의 행동적 성과 없이는 재무적 성과의 달성이 쉽지 않음,
균형성과표(balanced scorecard)

3) 인사관리와 성과 간의 관계

① 조직몰입(organizational commitment)

조직몰입은 생산활동 성과라고 할 수 있는 종업원 보상비용 감소, 생산성과 품질향상, 재고비용 감축 등에 영향을 미침

② 구성원들에 의해 지각된 조직분위기(perceived organizational climate)

분위기는 집단구성원들의 행동과 태도의 차이를 유발

③ 조직 내 정보의 질(information quality)

종업원의 지식(과학적 및 경험적 지식) 수준

표 9-1 인사관리와 전략계획의 연계수준

	관리적 연계	일방적 연계	쌍방적 연계	통합적 연계
전략계획과 HRM의 연계	전략계획 HRM	전략계획 ↓ HRM	전략계획 ↓ ↑ HRM	전략계획 HRM
핵심사업과의 연계	×	○	○	○
상호의존성	×	×	○	○
지속적 상호작용	×	×	×	○

④ **조직문화**

강한 조직문화는 종업원들의 행동과 성과를 향상시키는 주요한 도구

| 5 | 윤리적 인사관리

1) 조직윤리의 개념과 중요성

조직윤리(organization ethics, 기업윤리)는 기업에서 옳고 그름을 결정할 수 있는 판단의 원칙, 이해관계자(stakeholder) 관점, 기업을 둘러싼 수많은 이해관계자들이 조직에 요구하는 바를 제대로 충족할 수 있을 때 비로소 성과가 향상

2) 조직윤리를 정당화하는 네 가지 근거

① **교조적인 근거(dogmatic justification)**

종교적 사상이나 절대적 강령에 기초

② **의무론적 근거(deontologic justification)**

개인의 내부적 성찰(reflection)에서 비롯된 도덕적 결단

③ **공리주의적 근거(utilitarian justification)**

가장 많은 사람들에게 유익을 줄 수 있는지의 여부

④ **교호적인 근거(communicative justification)**

관련된 사람들 간의 대화를 통한 합의(consensus)

3) 공식구조와 시스템을 통한 조직윤리의 형성

① **조직구조**

윤리적 가치관에 대한 책임을 조직 내 특정 지위에 부여

② **신고제도**

신고, 내부고발자의 보호

③ **윤리 규약**

윤리규약은 사회적 책임에 대한 회사의 가치관을 공식적으로 표현한 것

④ **교육 프로그램**

윤리교육을 실시

4) 윤리적 압력에 대한 기업의 대응전략

① **방해전략**

기업의 이윤에만 집착

② **방어전략**

법이 요구하는 최소한의 규정만 지키는 전략

③ **적응전략**

윤리경영의 압력이 클 때 도의적인 책임까지 인정하고 책임을 실천하는 전략

④ **행동전략**

자발적 · 예방적 · 선제적으로 사회적 책임을 적극적으로 이행하는 전략

5) 윤리경영을 위한 인사관리의 실천방안

① **직무설계**

동기를 부여하고 작업자의 자아성장을 북돋워주는 방향의 직무순환 및 직무충실화를 병행, 직무명세서와 직무기술서도 전문성 배양뿐만 아니라 노동생활의 질(QWL)을 고양하는 방향으로 작성

② **채용**

차별을 하면 안 될 것, 면접관의 선발원천을 다양화

③ **교육훈련**

교육내용이나 개인의 경력개발과정에 윤리적인 주제를

그림 9-3 인사관리와 경영성과 간의 관계

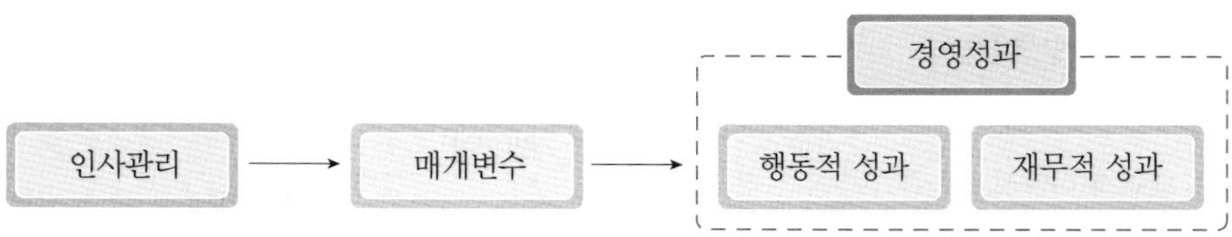

삽입, 유리천장(glass ceiling)을 철폐하는 경로

④ **평가**

인사평가시스템을 공정하고 투명하게 운영, 공개, 피드백

⑤ **보상**

공정성을 확보하고 안정성을 실현하여 사원들이 미래의 보상을 예측할 수 있도록 제도화

⑥ **이직 및 해고**

원칙적으로 사원의 고용은 보장, 예고, 사전교육(outplacement)을 실시

HUMAN RESOURCE MANAGEMENT

제2절 인적자원의 다양성 관리

|1| 다양성과 다양성 경영

1) 다양성의 의미

① **다양성의 의의**

집단 내에 존재하는 개인들이 서로 각기 다른 특성, 신념, 상대적 위치를 보유하고 있는 상태

② **다양성관리의 개념**

다양성관리란 기업이 개발하고 활용해야 할, 종업원의 잠재적 장점을 최대화하는 관리

③ **다양성의 두 측면**

a. 긍정적 측면

인재의 풀(pool)이 확대, 새로운 아이디어의 창출, 기업 이미지도 좋아짐

b. 부정적 측면

의사소통에서 각종 오류를 야기, 오해와 갈등 및 편견(상동효과, stereotype)의 발생원인

④ **다양성의 종류**

표면적 다양성, 내면적 다양성

2) 대두 배경

① **역사적 배경**

전략적 인적자원관리(strategic human resource management), 1960년대 미국 사회의 인권운동

② **개인화 추구 경향**

조직 내 개인화(individualization) 추구의 트렌드

3) 다양성 경영의 패러다임 변화

과거 1990년대까지는 다양성 경영의 핵심내용이 차별의 철폐, 결핍모형(deficit model), 다양성의 긍정성에 초점, 자원기반관점(resource-based view, RBV)

4) 다양성 경영의 추진 동기와 기대효과

① **추진 동기**

a. 법적인 이유

고용 및 근로와 관련된 법률

b. 윤리적인 이유

기업의 사회적 책임에 적극 부응

c. 경제적인 이유

다양하고 우수한 인력들이 근무를 통해 시너지 효과

② **기대효과**

기업문화의 개선, 신입사원 채용에 유리, 고객과의 관계 개선, 창의력과 혁신, 기업 이미지의 제고

5) 소결

조직의 창의성을 진작, 표면적 다양성보다는 내면적 다양성에 초점

|2| 다양성 관리의 실제

1) 인사정책을 통한 다양성 관리의 실천

① **확보전략**

면접관이나 리쿠르터(recruiter)의 다양성 확보가 전제

② **개발전략**

공평한 교육기회, 체계적인 맞춤형 프로그램을 제공

③ 평가전략

고과자 훈련, 편견 및 문화적 차이가 평가결과에 미치는 영향을 최소화, 각 집단별 특성에 맞는 고과

④ 보상전략

성과와 능력에 따르는 보상, 다양하고 유연한 복리후생

⑤ 유지전략

유연적 직무설계와 선택적 근로시간제도를 도입

2) 여성인력의 관리

① 성역할 변화와 여성인력의 중요성 인식

사회문화적 변화(지식기반사회, 다원주의 사회),
성(gender)에 구애받지 않고 능력중심으로 고용하는 풍토가 점차 확산

② 여성노동에 대한 제약요인과 '벡-게른스하임 명제'

성역할 인식은 사회화의 산물이며 학습으로 인하여 형성된다는 것이 최근의 관점,
벡-게른스하임(Beck-Gernsheim)

③ 직장 성차별의 원인과 현황

남녀 간 수익과 효율의 차이가 있으리라는 예상, 유교적 전통문화, 여성들의 소극적 업무태도

a. 모집과 선발

비공식적 경로(소개, 추천 등)로 취업, 임시직이나 계약직으로 취업하는 비율, 여성에게 공정하지 않은 면접

b. 교육훈련과 승진

토큰이즘(tokenism), 유리천장(glass ceiling)

c. 보상

성별이 임금격차에 상당한 영향

d. 이직과 해고

여성은 남성에 비해 근로조건에 대한 불만이나 장래성의 결여 및 인간관계 갈등 등으로 인한 이직비율이 높음

④ 유리천장의 개념과 발생원인

a. 유리천장의 개념

'유리천장(glass ceiling)'은 직장 내에서 여성들의 승진을 가로막는 장벽

b. 유리천장의 원인

i. 성역할적 편견의 사회화

성역할에 대한 사회적 편견

ii. 비대칭(skewed) 조직에서의 소외

캔터(Kanter), 비주류 집단에 속한 개인들은 조직을 떠나려는 경향

iii. 기타 요인

고숙련, 화이트칼라직업 여성인력의 부족, 여성에게 불균형적인 가족친화적(family-friendly) 정책, 기업 내에 남성위주의 문화(old boy networks)가 형성

⑤ 여성인력의 전략적 개발을 위한 방안

a. 정부와 기업의 역할

법적 보호, 차별적 처우를 개선, 인사상 기회균등

b. 대안적 노동형태

조직에서 가사, 출산, 육아 등 가정 내 여성의 역할에 대한 배려와 지원을 실시, 재택근무

⑥ 여성인력의 유형별 활성화 전략

조직문화가 여성인력에 대해 개방적인지 아니면 폐쇄적인지의 여부, 여성인력의 업무자세와 수준, 즉 여성인력의 역량 측면

a. 특화전략

조직문화가 여성에게 개방적이고 여성인력의 역량도 뛰어난 경우, 여성인력을 최대한 활용

b. 동기유발전략

조직문화가 여성에게 개방적이지만 여성인력의 역량은 낮은 경우, 여성멘토를 활용, 구성원의 동기부여에 집중

c. 자기개척전략

조직문화가 여성에게 폐쇄적이지만 여성인력의 역량은 높은 경우, 개방적 조직문화를 구축, 여성인력 스스로가 자신의 강점을 개발하고 이를 남성위주의 조직에서 어필(appeal)할 수 있는 인사제도 구축, 이중경력제도, 직능자격제도

d. 스킬학습전략

조직문화도 여성에게 우호적이지 않고 여성인력의 역량

도 낮은 경우, 여성인력의 업무참여를 독려, 유연근무시간제, 직무공유제, 여성인력의 업무스킬 향상을 위한 각종 교육훈련 프로그램

⑦ 여성인력 활용의 효과

a. 인재의 풀(Pool)확대

선택 가능한 고급 인재의 풀을 넓혀줌

b. 창의성 증대

다양한 인력구성을 통한 창의적인 재능 발휘와 부가가치의 창출

c. 기업이미지 개선

선진적인 기업 이미지를 형성

3) 국제인사관리

① 본국인과 현지인 활용의 장점과 단점

본국인(PCN, parent country nation), 현지국 인력(HCN, host country nation)

a. 본국인 활용의 장점과 단점

본사의 목표, 정책, 경영관행과의 친밀성, 기술적, 관리적 능력이 우수, 본사 인사부서와의 효과적인 연락과 커뮤니케이션, 해외 자회사에 대한 통제가 용이, 외국어 능력이 부족, 환경 적응에 어려움, 파견하는데 드는 선발, 교육훈련, 유지비용의 부담, 해외자회사의 자율적 운영에 대한 현지국의 압력에 노출

b. 현지인 활용의 장점과 단점

환경에 대한 친밀성, 본국인이나 제3국인을 채용할 때보다 상대적으로 저렴한 비용, 조직몰입과 모티베이션이 증진, 현지 자회사 운영에 대한 현지국의 요구에도 효과적으로 대응, 본사의 효과적인 통제가 어려움, 본사 인사부서와의 커뮤니케이션에도 애로, 본사 인력을 국제적 또는 다양한 문화에 경험시킬 기회가 부족

② 본국인과 현지인 활용의 인적자원관리기능별 접근

a. 확보관리

ⅰ. 모집관리

모집의 원천, 타겟 리쿠르팅

ⅱ. 선발관리

본국인은 대개 해외에서 관리자의 역할, 현지인의 경우에는 대개 기업에서 본원적 활동(예 생산, 물류, 영업, 사후서비스 등)에 해당하는 역할

b. 개발관리

ⅰ. 해외 파견인력에 대한 교육훈련

상이한 문화에 대한 적응능력

ⅱ. 해외 자회사 근무인력에 대한 교육훈련

본국의 문화에 대한 교육을 중심으로 진행

그림 9-4 국제인사관리의 대상

c. 평가관리

ⅰ. 평가의 일반원칙

경영층이나 관리층에 대한 평가는 본사 내지 국제적인 기준을 준용, 일반 종업원에 대한 평가에 있어서는 현지국의 기준을 존중

ⅱ. 평가에 영향을 주는 요인들

환경, 과업, 인성적 요인

d. 보상관리

ⅰ. 국제보상관리의 기본 원칙

일관성 있고 합리적인 보상시스템, 상대적 경쟁우위를 가질 수 있는 보상정책

ⅱ. 보상의 체계

- 협상 방식(negotiation approach), 구성원과 기업이 개별적으로 협상
- 균형화 방식(balance sheet approach), 본사의 기본적인 보수 프로그램(급여, 복리후생, 기타 보수 등)을 현지의 상황과 본국의 상황을 비교하여 조정
- 현지화 방식(localization approach), 현지국의 보수수준과 체계에 따라 보상을 지급

e. 유지관리

ⅰ. 동기부여를 위한 권한위임

본사차원의 확실한 권한위임

ⅱ. 노사관계관리

현지에서의 원만한 노사관계 구축을 위하여 노력

|3| 고성과자와 저성과자의 관리

1) 핵심인재의 관리

① 핵심인재 관리의 중요성

GE에서는 핵심인재의 요건으로 4E+V,

에너지(Energy), 활력(Energize), 과감한 결단(Edge), 실행(Executive)

② 핵심인재의 개념

레팍과 스넬(Lepak & Snell)의 HR 아키텍쳐(HR architecture) 이론, 가치(value), 독특성(uniqueness), 핵심인재는 가치와 독특성의 양 측면 모두가 높은 인적자원

③ 핵심인재의 관리를 위한 몰입형 인사관리

a. 엄격한 채용

들어오기 쉽지 않은 기업에 입사하는데 성공했다는 자부심

b. 의사결정에의 광범위한 참여

업무에 대한 주인의식과 긍지를 함양함으로써 내재적 동기가 증진

c. 인적자원개발 프로그램

지식의 진부화를 막기 위해서는 지속적 교육훈련이 필수

d. 인센티브 제도

핵심인재 유지의 핵심은 성과와 연계된 인센티브의 제공

2) 저성과자의 관리

① 저성과자의 개념

저성과는 '정해진 성과목표에 대한 기대를 충족시키지 못하는 낮은 결과'를 의미

② 저성과자의 유형 구분

a. 성과정체형 저성과자

조직에 기여하는 가치(value)가 적은 인적자원

b. 역량정체형 저성과자

보유역량의 수준이 특정 직급에서 정체된 상태

c. 경력정체형 저성과자

조직의 성장정체와 성장욕구의 좌절 및 근무의욕의 상실로 인한 저성

③ 저성과자 관리의 필요성

a. 조직차원 : 조직의 동요

b. 집단차원 : 팀 성과의 저하

c. 개인차원 : 직무만족의 저하

④ **저성과자 관리방식의 기본접근법**

a. 역량개발형

역량진단－격차발견－역량개발 절차를 거쳐 성과창출을 유도하는 방식, 장기육성형 인적자원관리(make 전략)에 적합

b. 직무관리형

현재의 역량수준을 갖고 조직 내에서 수행 가능한 직무와 역할을 부여하고 이를 거부하거나 부적응시 퇴출하는 방식, 개인－직무 간 적합성(person-job fit : P-J fit)을 우선적으로 추구하는 기업에 적합

그림 9-5 저성과자 관리방식의 기본접근법

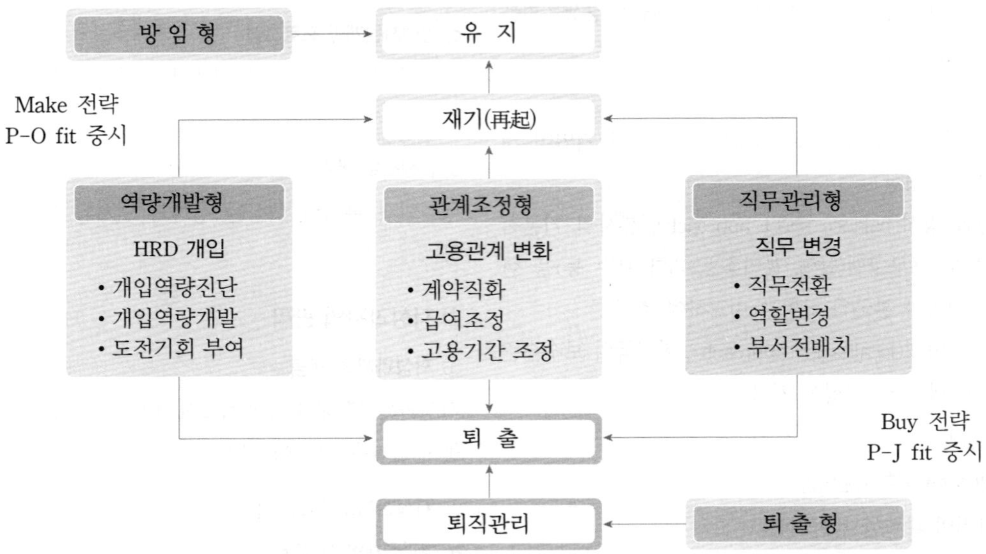

그림 9-6 저성과자 육성 Framework

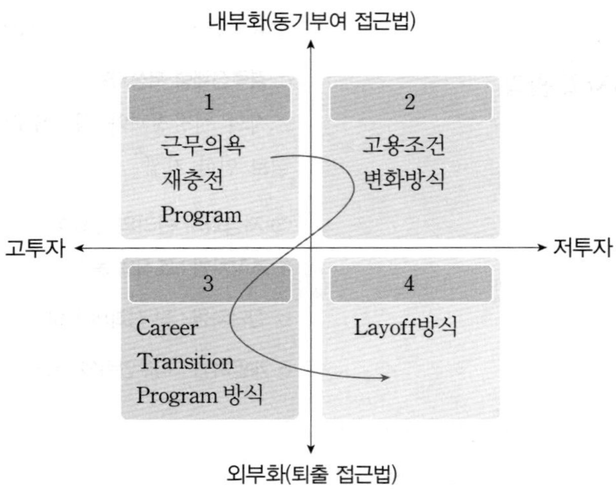

c. 관계조정형

성과부진자로 하여금 고용계약 내용을 변경하여 기여한 가치만큼 급부를 받도록 만들고 고용유연성을 확보하는 방법, 임금유연성과 고용유연성이 있는 경우 적용되는 방식

d. 방임형

저성과자임에도 불구하고 의도적 또는 비의도적으로 조직 내에 방치

e. 퇴출형

저성과자로 선별시 조직 밖으로 퇴출시키거나 퇴직에 대비한 전직지원프로그램에 입과

⑤ 저성과자 관리의 실제

a. 내부화 접근법

- 내부화 · 고투자 방법, 직무재설계, 경력경로설계
- 내부화 · 저투자 방법, 보상이나 근속 조건을 변경

b. 외부화 접근법

- 외부화 · 고투자 방법, 아웃플레이스먼트
- 외부화 · 저투자 방법, 정리해고, 권고사직

HUMAN RESOURCE MANAGEMENT

심화학습 (1)

정년연장법의 등장

인사관리의 제반 영역에서도 인력구조의 고령화에 대응하기 위한 다양한 대책수립이 필요

연령 및 근속연수와 생산성의 관계

나이(age) 또는 생물학적 연령은 일반적으로 조직관리에 있어 가장 중요한 변수, 연령이 증가함에 따라 긍정적 태도, 판단력도 좋아지는 경향, 사고의 유연성은 떨어지는 경우가 일반적

정년연장이 노동시장에 미치는 영향

정년의 연장은 점점 부족해지고 있는 노동공급에 숨통을 틔워주는 역할, '양질의 일자리'를 놓고 세대 간 갈등을 유발할 여지가 존재, 인건비가 증가할 가능성

확보관리와 직무관리

중고령층에 적합한 직무를 기업이 발굴하여 해당 position에 인력배치를 하는 것이 필요

교육훈련

기업은 생산성의 지속적 향상을 위해 장년층에게 교육훈련 기회를 더욱 더 많이 부여해야 함

경력관리

정년연장이 현실화될 경우 상당한 승진적체가 발생할 가능성, 이중경력제도(= 다중경력제도, 진로선택제도)

평가(성과)관리

경력정체 현상이 발생, 장년층의 평가를 위해서는 성과평가와 역량평가 측면의 관리가 필요

1. 성과평가

목표관리의 원칙에 입각하여 성과의 요건을 명확히 하고 평가신뢰도를 저해시키는 각종 요인을 제거

2. 역량평가

요구역량을 재정의하고 이를 객관적으로 측정할 수 있

는 평가시스템의 도입이 요청

보상관리

연공임금 체제의 개편이 필수적

1. 연공성 완화를 위한 기본급 혁신

연공급 중심의 임금체계를 기술급(skill-based pay), 역할급(role-based pay), 직무급(job-based pay) 등으로 개편

2. 성과연동 임금인상(승급) 관리 강화

자연적인 임금인상을 지양하고 시장에서의 지배임률에 입각하여 시장임금과 개별임금의 일치화를 추구하는 전략

3. 고직급 대상 성과급 비중 확대

고위직급을 대상으로 경영실적과 연공하여 지급하는 성과배분형 상여금의 비중을 기본급에 대비하여 늘리는 방안

유지관리

1. 동기부여의 관리

생애주기(life cycle)의 연장과 고령화에 따라 욕구의 내용 및 종류가 변화, 장년층에 대한 동기유발 요인이 무엇인지, 그리고 어떤 과정으로 업무에 흥미를 불어넣을 수 있을지를 고민

2. 체계적이고 유연한 퇴직관리

방출은 사측의 사유로 인한 갑작스런 심리적 계약 파기, 아웃플레이스먼트(outplacement)

HUMAN RESOURCE MANAGEMENT

심화학습 (2)

비정규직의 개념과 이론적 논의

1. 비정규직의 개념과 유형

비정규직은 전일제(full-time) 상시고용계약에 대한 상대적 개념, 한시적 근로자, 시간제근로자, 비전형근로자, 기간제 근로자, 단시간 근로자, 파견이나 하청 등의 인력외주화, 특수형태근로종사자

2. 관련 이론

1) 이중노동시장 이론

전체 노동시장을 고용이 보장되고 임금수준도 높은 1차 노동시장과, 고용이 불안하고 임금수준도 낮은 2차 노동시장으로 구분하여 설명하는 용어, 도링거와 피오르(Doeringer & Piore, 1971), 우리나라에는 지나치게 경직된 내부노동시장과 지나치게 유연한 외부노동시장의 전혀 다른 두 유형의 시장이 공존

2) 거래비용 이론

고용의 내부화에 따른 비용(정규직에 대해 지속적으로 지출되는 비용, ongoing costs)과 고용의 외부화에 따른 비용을 비교하여, 상대적으로 비용이 저렴한 고용 외부화를 추진

3) 자원의존이론

정규직에 대한 의존성 및 불확실성을 낮추기 위해서, 기간제와 같은 비정규직을 활용하는 완충전략을 선택하거나 외주화 등을 선택

비정규직의 현황

1. 비정규직 활용의 목적

유연성의 확보, 민간부문과 공공부문에 상관없이 비용절감, 고용조정이 용이하다는 점

2. 비정규직의 규모

전체 근로자의 33.3%에 해당

비정규직 활용의 인사전략적 고찰 : 장점과 단점

1. 장점

1) 비핵심인력에 대한 효율적 인사전략으로 활용 가능

계약업무방식, 기업의 수요에 따라 유연하게 그 수를 조정할 수 있도록 아웃소싱(outsourcing)이나 비정규 계약직의 형태로 주로 운용

2) 고용관리의 유연성을 제고하여 환경대응에 적합

환경변화에 대한 적응성이 높아짐, 특정기간에 따른 일시적 수요에 대응하기 용이, 정규직 채용에 따른 고용보장의 부담을 벗어날 수 있음, 임금이나 복리후생비의 절감

3) 현실적 직무소개의 방안으로 활용 가능

선발오류를 피하는 수단으로 사용, 잘못된 직원을 선발하는 위험에 따르는 비용을 절감

2. 단점

1) 노노(勞勞) 갈등의 유발

사회비교이론(social comparison theory), 비정규직의 활용은 노동자를 정규직과 비정규직으로 나누어 서로간의 갈등을 유발하게 만드는 원인

2) 조직몰입 약화로 인한 제품과 서비스의 질 저하

사회교환이론(social exchange theory), 비정규직은 정규직에 비해 지각된 조직후원인식(Perceived organizational support : POS) 수준이 약하며, 조직몰입 수준이 낮고, 조직시민행동을 덜 할 수 있음

3) 인력의 잦은 교체로 인한 업무연속성의 저하

비정규직의 활용은 업무연속성에 부정적 영향을 미칠 수 있음

비정규직의 보호제도

1. 현행 비정규직 제도의 문제점

정규직의 고용경직성으로 인해 비정규직을 남용, 불합리한 차별에 의한 근로조건의 격차, 능력개발 기회가 부족하여 정규직으로의 전환이 부진, 자발적인 시간제근로 활용 기반이 미흡, 사회보험 등 각종 사회안전망의 혜택을 누리지 못하고 있음

2. 정부의 대책

사회안전망 및 복지 확충, 차별시정제도를 활성화, 최저임금 등 근로조건 보호를 강화, 정규직으로의 이행기회를 확대, 사내하도급 근로자 보호, 고용형태공시제도를 시행

비정규직 인력의 효과적 관리방안

1. 소수의 계약자와 지속적인 관계 창출

믿을 수 있는 소수의 계약업체를 선정하고 그들과 지속적인 관계

2. 비정규직 성과에 대한 감시

비정규 인력을 활용해야 하는 경우 반드시 구체적이고 명확한 목표를 제시

3. 안전성에 대한 보상

위험에 대한 보상을 적절한 수준에서 지급

4. 직무급의 활용

직무급(job-based pay) 체계로의 전환